12.95

Une fleur éclôt
à travers la tempête

Du même auteur

La vie, la mort une continuité
Renaître d'un deuil
Tara (en cours de publication)

Photo de la couverture:
Yvon Bolduc

Édition:
Les Éditions de Mortagne
171, boul. de Mortagne
Boucherville, (Québec)
J4B 6G4

Distribution:
Tél.:(514) 641-2387

Tous droits réservés:
Les Éditions de Mortagne
© Copyright Ottawa 1988

Dépôt légal:
Bibliothèque nationale du Canada
Bibliothèque nationale du Québec
2e trimestre 1988

ISBN: 2-89074-276-8

1 2 3 4 5 -88- 93 92 91 90 89

IMPRIMÉ AU CANADA

Une fleur éclôt à travers la tempête

Madlyn Allard

Quand tu vis un cancer, à l'intérieur de toi,

c'est la tempête.

Tout se bouscule aussi à l'extérieur.

Mais peu importe le résultat final,

tu en ressors grandi.

Je te donne une fleur — la fleur de mon
cœur

Éditions de Mortagne

Madeleine
Tu es vivante, en mouvement, fière d'être femme
Riche de mes pensées, de liberté, en mouvement

Thérèse
Celle qui m'a donné le jour
Et le meilleur d'elle-même

Bianka
Fille d'amour
Adolescente de rêve
Femme d'avenir

Remerciement bien spécial

À *Raymonde Patenaude* et son mari *Roger* pour le traitement de texte, la mise en page et la correction.

À *Madeleine Guillemette* pour son appui constant.

À *Richard Perron* pour l'aide technique et son appui moral.

À *Guy Permingeat* sans qui ce livre n'aurait pas été possible.

Préface

Tout à coup, le paysage familier intimement lié au rythme des saisons s'est estompé et nous nous sommes retrouvés presque seuls. Mais l'espoir est plus fort que le temps et que les saisons. Il faut patiemment recommencer à construire des images de vie et se réinsérer dans le chemin heure après heure et jour après jour. Et voilà que vous avez su, suite à une longue expérience propre à de telles situations, nous dire comment procéder à une reconstruction.

Un livre précieux pour tous ceux et celles qui ont à poursuivre l'humain voyage. Loin d'abdiquer devant cette tâche difficile mais surmontable, il faut faire confiance au destin inconnu mais réel. Ce recueil de savoir-faire peut apporter énormément de ressources souvent inattendues qui pourtant existent en chacun de nous. Par votre art de faire resurgir à la surface de la personne ses capacités fondamentales, vous apportez une réponse valable et qu'il faut apprendre à apprécier à sa juste valeur.

Un chaleureux merci pour cet apport précieux et rare dans nos écrits québécois. En tant que Président fondateur de la Fondation Québécoise du Cancer, je suis fier de souligner cette acquisition au chapitre des oeuvres positives et profondément humanitaires.

Pierre Audet-Lapointe, M.D., F.R.C.S. (C)
Président fondateur
Fondation Québécoise du Cancer

Avant-propos

Depuis plusieurs années, j'accompagne les patients atteints de cancer, je fais cela par choix. Je les aime tels qu'ils sont, j'essaie de les comprendre et c'est, j'en suis sûre, réciproque.

Vous voulez savoir qui je suis, moi qui vous parlerai d'eux : mon nom est Madlyn; bien simple, petite de taille avec un cœur qui a de la place pour chacun. J'ai le goût d'être aimée, appréciée, reconnue car on ne donne que ce que l'on a.

J'ai eu une enfance où il était difficile de prendre ma place et de m'exprimer. Ceux qui me connaissent diront que je reprends le temps perdu car je parle très vite de peur que les gens ne me laissent pas le temps de m'exprimer.

Donc, dans ma jeunesse, je ne m'exprimais pas et d'ailleurs je n'avais pas d'amis qui puissent m'écouter. En quatrième année, à l'école, les professeurs ont dit à mes parents — comme j'étais toujours la dernière de la classe et sans éclat — de me faire apprendre un métier, comme entretenir une maison pour travailler ensuite comme bonne. Mais ma mère, étant très fière, n'en fit rien et se débattit pour que je continue mes cours. De peine et de misère, je continuai à étudier. Après ma onzième année, je suivis un cours de *nursing* pour devenir, deux ans plus tard, infirmière-auxiliaire. J'avais beaucoup de difficulté en théorie mais par contre j'étais bonne dans les matières pratiques, c'est pourquoi j'aime beaucoup être avec le malade, être en contact avec lui, le soigner, lui parler et surtout être attentive à ses besoins.

Mon cours terminé et réussi, je décide de partir au loin et de me prendre en main et je travaille dans un centre de rééducation. J'aime beaucoup ce que je fais et je l'accomplis bien. Je suis alors chef d'équipe, j'accompagne les malades qui vont mourir, dans des hôpitaux.

Mes compagnes de travail disent: "Mado, tu auras tel malade aujourd'hui, il n'en a pas pour longtemps il va mourir bientôt et toi ça ne te dérange pas de t'en occuper." Et voilà le moule qui se forme, je me découvre à travers eux, je ne sais pas pourquoi mais une complicité se crée facilement quand je suis en contact avec eux. À travers leurs yeux, leurs regards je sens et je ressens leur peur, leur misère; ils se sentent seuls, tout comme moi.

Je me rends compte que je ne suis pas nulle en tout. Je suis efficace avec les malades ou du moins c'est ce qu'on dit de moi et les années l'ont prouvé par la suite.

Je me perfectionne, je prends des cours de relations humaines, d'écoute active et de psychologie, à l'université et je réussis très bien. Je m'implique dans le milieu hospitalier par les comités de malades.

J'étudie la bio-éthique et je m'aperçois qu'ils ont, tous ces malades, un point en commun: une solitude profonde. Ils essaient d'être de bons malades pas dérangeants, demandant le moins possible pour tout, ils attendent à la limite pour demander un calmant.

Avec le malade je me sens utile, revalorisée et je donne le maximum de mes possibilités.

Le cancer est une maladie cachée; je me rappelle qu'on mettait une étiquette rouge sur les dossiers de ces malades pour bien les identifier, ce qui avait pour effet de les mettre à l'écart, comme si leur maladie eut été contagieuse, alors qu'on sait très bien que ce n'est pas le cas. J'étais déjà sensibilisée à la cause du malade et voilà que deux de mes bonnes amies décèdent du cancer. Je les ai accompagnées jusqu'à la fin chez elles. C'est difficile de laisser partir ceux et celles qu'on aime. Je me suis sentie inutile, parfois même, limitée. D'un commun accord, avant la mort de l'une d'elles, on a décidé d'aider d'autres malades atteints de cancer. C'est pourquoi j'ai fondé une association qui a pour objectif d'améliorer la qualité de vie du malade atteint de cancer. Mon but devint sa raison de vivre durant un mois (car elle est morte un mois plus tard), on travaille intensément, elle partage son vécu et veut qu'il y ait des rencontres de groupes pour que le malade puisse s'exprimer. C'est important de sentir qu'on n'est pas seul à avoir peur et de pouvoir sortir ses angoisses face à la mort. Comme elle me parle beaucoup des soins palliatifs, je fais des démarches pour elle et lui promets qu'un jour il y aura un service de ce genre dans notre région. En attendant, il se fait de la prévention au moyen de dépliants, conférences et vidéos. Elle fait part de ses idées, mais le temps passe, elle n'a plus de force, je lui promets de poursuivre l'objectif: **que chaque malade qui a besoin d'aide reçoive un appui.** C'est ainsi qu'après sa mort, l'organisme continue d'exister. Je fais des démarches pour offrir des services aux malades. D'une année à l'autre les services s'améliorent constamment pour aider les personnes atteintes de cancer.

Ensuite, j'ai écrit un livre sur les soins palliatifs et, avec une compagne de travail, un autre sur le deuil. L'organisme va très bien. Je reçois des demandes pour aider d'autres groupes et c'est ce que je fais avec l'expérience que j'ai acquise antérieurement.

Mais ce que j'aime le plus, c'est être en contact avec le malade. J'ai travaillé pendant un an auprès de personnes atteintes de cancer, depuis le début de leur maladie jusqu'à leur mort. C'est là que je me rends compte qu'avec les années, les préjugés n'ont pas changé: le monde évolue, la médecine s'améliore, mais la peur de la contagion reste toujours.

Il me semble qu'il me reste encore un bout de chemin à faire avec le malade atteint de cancer, que ce soit la personne mastectomisée, sidatique, colostomisée ou le malade qui ne s'en sort pas. La personne malade est avant tout un être humain à part entière qui a un cœur, du potentiel, avec ses qualités, ses défauts et ses limites. C'est pourquoi, en tant qu'individu respecté, je crois que j'ai beaucoup à apprendre de ceux que je côtoie et j'espère rester authentique pour pouvoir exprimer leur vécu car **il est vrai.**

Depuis dix ans, j'ai acquis beaucoup de connaissances à travers les malades, qui sont avant tout des personnes fières. Je me suis découverte grâce à eux. Mais ce qui me reste de toute cette expérience c'est, comme le dit si bien Saint-Exupéry, qu'«on ne voit bien qu'avec le coeur, car on découvre à l'intérieur de nous notre vraie raison de vivre».

Quand tu apprends que tu as un cancer, c'est le choc, la foudre qui te tombe sur la tête, tu es amorti, plus rien ne va, le médecin t'annonce le diagnostic, tu l'entends, mais tu ne réagis pas; c'est la consternation, le silence. En dedans de toi, tu te dis: «c'est impossible, je suis trop jeune pour mourir.» C'est comme un soleil trop brillant, on ne peut pas le regarder en face; il en est de même pour la vérité. D'un seul coup, tous les projets de ta vie défilent dans ta tête. Tes espoirs, tes frustrations, puis les bons moments remontent à la surface; tu te retrouves face à toi-même. Tu as le choix: ou tu te bats ou tu te laisses aller. Ce choix reste rarement définitif selon ton entourage, ton vécu, tu choisis d'être gagnant ou perdant dès le départ, car le subconscient est déjà sur un pied d'alerte, prêt à intervenir. Certes, les gens qui ont toujours été pessimistes se verront dans une voie sans issue et les autres, les positifs, qui aiment prendre des risques, qui croient en la vie, en ses beautés et à ses merveilles seront abattus pendant un certain temps mais ils arriveront à reprendre le dessus.

Combien de temps avons-nous? En aurons-nous assez pour réagir ou n'est-ce pas, déjà à cette étape, une denrée rare? Selon ton état de santé, les spécialistes auront déjà un programme à te suggérer. «Nous devons contrecarrer cette maladie, diront-ils souvent, le temps est contre nous.» Et voilà, les dés sont jetés; tout le mécanisme médical est en branle: examens médicaux approfondis, opération chirurgicale, traitements de chimiothérapie et radiothérapie.

Nous parlerons plus loin des moyens thérapeutiques utilisés le plus souvent. Tu dois prendre une décision rapide, déjà les démarches sont faites pour ton hospitalisation, tu es bousculé par tous ces événements, tu réalises que tu n'as pas de pouvoir car tout est déjà décidé. Bien souvent, le malade se sent dépassé par les événements en plus d'être surpris par le mot glacial de *cancer*, tu l'entends continuellement dans ta tête, tu veux l'oublier, tu penses que c'est un mauvais rêve: «Ils se sont trompés, je n'ai qu'à ne plus y penser et tout disparaîtra rapidement.» Mais comment faire, car la réalité est tout autre et déjà tout ton entourage la connaît. Chacun change sa façon d'agir avec toi, on dit: «Pauvre lui, il est si jeune, il n'a jamais été malade, il avait une santé de fer», comme si ton cas était déjà réglé; «il va mourir, il ne s'en sortira pas. Tu dois prendre une décision rapide. Suivant les conseils du médecin, tu te laisses prendre dans l'engrenage médical: Je vais à l'hôpital pour tel examen, à telle date, etc.» Et, sagement, tu fais confiance et tu te laisses guider. Parfois tu t'informes directement en demandant: «C'est quoi la chimiothérapie?» ou, après l'opération: «Combien cela va prendre de temps pour me rétablir?» et: «Est-ce que je vais avoir des séquelles?», «Est-ce que je vais pouvoir vivre comme avant ma maladie?» Durant cette période, les gens te regardent vivre, ils se retirent parfois car ils ne savent pas quoi te dire; eux aussi sont déroutés, il ne faut pas leur en vouloir, ils sont inquiets pour toi et n'oublie pas que tu n'es pas toujours facile à côtoyer, tu es songeur, agressif ou dépressif, tu as le regard fixe, rien ne va comme tu veux, tu as la larme facile, un nœud dans la gorge. Que se passe-t-il enfin en toi? Tu réagis et ton entourage aussi, c'est toujours une surprise désagréable d'apprendre qu'on a le cancer. Les gens diront fréquemment: «Je m'en doutais, j'avais un pressentiment» — et ils ont raison.

Il existe des signes qui laissaient présager un diagnostic sombre ou qui t'ont décidé à aller consulter un médecin. Ces facteurs ou symptômes sont, souvent: une fatigue continuelle extrême, une perte de poids importante et rapide, une plaie insignifiante qui ne guérit pas, une bosse au sein ressentie à la palpation, des écoulements anormaux et abondants.

Même à travers ces signes de ton corps, tu refuses cette réalité trop éprouvante pour toi. Car, étant tous des êtres humains, on ne voit que ce que l'on veut bien voir. Comme par exemple cette femme qui dit que la bosse qu'elle a sous le sein n'est rien et qu'elle va partir comme elle est venue. Malheureusement, cette masse double de volume en un mois et on doit la traiter rapidement pour lui sauver la vie. Souvent aussi, on entend ce que l'on veut bien entendre. Voici l'exemple d'un homme qui avait des problèmes de santé, au niveau des intestins. Son entourage lui disait: «Tu ne te vois pas changer; tu as tellement maigri, on ne te reconnaît plus; va voir un médecin et demande à passer des tests.» Mais lui trouvait qu'ils exagéraient, et puis il était débordé de travail et son employeur lui avait dit: «J'ai besoin de toi, j'ai personne pour te remplacer en ce moment; si tu peux attendre un mois, le gros du travail sera fait et tu pourras aller à l'hôpital passer tes examens.» De plus, il n'avait pas envie d'entendre les autres lui dire quoi faire et il évitait le plus possible son entourage pour s'empêcher de penser. Mais ce malheureux est entré d'urgence à l'hôpital et son état est considéré comme critique.

Les gens expriment leurs idées, mais c'est à chacun de nous de se prendre en main. Notre santé et notre vie nous appartiennent. Mais on rejette ses responsabilités sur la société. J'entends régulièrement cette phrase: «J'ai pas le temps». Qui aime attendre dans une salle d'attente, dans le cabinet du médecin? Alors, on repousse les rendez-vous pour les examens puis ceux pour attendre les résultats. Une autre phrase qu'on entend régulièrement, c'est celle-là: «J'ai bien d'autres choses à faire» ou encore «J'irai quand ça ira vraiment mal». Mais alors, tôt ou tard la santé fait des siennes. Elle nous montre à sa façon que notre corps a des limites et, à force de passer outre, on rentre d'urgence à l'hôpital et voilà le drame qui commence: on s'affole, on panique, on ne pensait pas que c'était si grave. Tout cela revient dans notre tête dans nos moments de réflexion; on se culpabilise en disant: «Si j'avais su, si j'avais pu soupçonner l'importance de ce qui m'arrive, je serais allé à l'hôpital plus tôt passer les tests, je serais allé voir le médecin plus vite.» On s'en veut, on se déteste: «Si j'avais écouté ma femme, mes amis, je n'en serais pas là aujourd'hui.» On retourne tout sur soi: «C'est ma faute, avec ma maladie je rends ma famille prisonnière, je suis insupportable, j'ai mauvais caractère. Je ne leur donne pas ce dont ils auraient besoin au point de vue financier. Ma famille est devenue esclave de ma maladie: Ils doivent m'accompagner chaque jour à l'hôpital pour mes traitements car je ne peux plus faire les choses que je faisais avant, quand j'étais seul. Quelle vie je leur fais vivre...»

Et voilà, on se culpabilise. Mais cela ne sert à rien de revenir en arrière, la culpabilité est vécue. Qu'on l'exprime, c'est normal, compte tenu de ce qu'on vit émotivement, mais on doit réagir. Cette culpabilité ressentie on la vit tous à un moment donné. C'est une étape normale dans la maladie, mais on doit se forcer à continuer d'aller de l'avant. Le ressentiment lui aussi sème le doute dans notre esprit. Puis on se retire, on ne s'aime plus, notre regard est fixe, on a la larme à l'oeil, on ne veut plus voir personne, on a envie d'être seul, on pense que le monde nous oublie. Finies les questions sur ma santé, finies les interrogations sur mon vécu, j'ai le goût de tout laisser tomber, traitements et rendez-vous chez le médecin. Mais, au fond de moi, je sais qu'il ne faut pas le faire pour ma famille et mes petits enfants. Quant à moi, je ne sais plus si j'ai vraiment le goût de vivre mais j'ai promis à ceux que j'aime de m'en sortir, de faire tout ce qu'il fallait, de ne pas me laisser abattre et de garder le moral.

Alors je me retire, j'écoute sans que mon entourage s'en aperçoive. Je dors peu la nuit, car là j'ai le temps de penser en paix. C'est alors que je décide de continuer à me battre malgré les souffrances physiques et psychologiques, car je ne suis pas encore prêt à mourir, j'ai du chemin à parcourir.

Et c'est là que je suis gagnant, peu importe le déroulement de la maladie, le premier cap est passé. Je sais que je peux mener ma barque à bon port. C'est moi qui gouverne ma vie, j'ai ma destinée en main.

Vous allez en oncologie pour la première fois — quoi faire — comment agir?

J'ai travaillé un an dans un centre d'oncologie (département pour personnes atteintes de cancer) sur un projet psycho-social concernant les besoins du malade. Voici les informations pertinentes qui peuvent aider quand on va en oncologie, pour la première fois.

Vous allez recevoir votre premier traitement:

- Apportez votre carte d'hôpital;
- Apportez votre carte d'assurance-maladie;
- À l'arrivée, présentez vos cartes à la secrétaire;
- Soyez à jeun;
- Prise de sang (avant de vous donner les traitements, on doit connaître votre état de santé; donc une formule sanguine s'impose);
- L'infirmière vous indiquera si vous pouvez aller déjeuner par la suite;
- En moyenne, une attente de deux heures est normale avant de recevoir vos résultats;
- Il est important que quelqu'un vous accompagne; le temps passe plus vite;
- Circulez un peu dans les lieux afin de mieux les connaître (normalement en cinq minutes, vous

aurez fait le tour du département: les toilettes, la salle de traitement, la pharmacie);
- Vous avez à votre disposition de la documentation sur l'alimentation, la chimiothérapie ou autres sujets semblables. Renseignez-vous, n'ayez pas peur de savoir car ce que l'on connaît effraie moins;
- Avant de rencontrer le médecin, écrivez sur un morceau de papier toutes les questions qui vous préoccupent.

Première rencontre avec le spécialiste:

- Toujours être accompagné, surtout pour cette première rencontre;
- Réalisez que vous, vous voyez le médecin pour la première fois, lui, il en voit des centaines de patients comme vous par jour;
- Ne soyez pas surpris qu'il ait l'air pressé ou soucieux;
- Il vous donnera beaucoup d'informations pertinentes: à deux, on peut saisir plus de détails. Il lira votre dossier et peut-être la lettre qui vous réfère à lui;
- Il vous dira quel programme il a structuré pour vous selon votre état de santé (ex.: vous recevrez de la chimiothérapie à raison d'une fois toutes les trois semaines. Ce traitement est assez fort, vous pourrez ressentir des effets secondaires mais on va tenter de les limiter au maximum);
- Il peut et va vous prescrire les médicaments dont vous avez besoin selon votre cas (pour dor-

mir, vous renforcer, contre la douleur, la constipation, etc.).

3- Étude de votre cas:

- C'est à vous d'être honnête et d'expliquer votre
  état de santé, sans honte;
- Le médecin ne peut pas deviner à votre place: il
  est là pour vous aider;
- Il vous fera subir un examen médical, c'est à
  vous de lui dire où vous avez mal de la façon la
  plus précise possible;
- Regardez votre questionnaire avant de partir:
  avez-vous eu la possibilité de lui poser les questions qui vous préoccupent? Sinon, faites-le
  maintenant car lorsque vous serez habillé, vous
  ne pourrez plus le revoir, il sera déjà avec un autre patient.

4- Après l'étude de votre cas:

- En sortant de la *cabine* (petite pièce dans l'hôpital où le médecin rencontre le patient), vous
  allez recevoir votre premier calmant de *chimio*.
  Soyez calme, les infirmières en oncologie sont
  des professionnelles qui connaissent très bien
  leur travail; faites-leur confiance. Si l'infirmière
  est une permanente, c'est avec elle que vous allez avoir le plus de contacts. Elle connaît votre
  angoisse. Parlez-lui de ce que vous vivez, elle
  vous comprendra;
- Dans certains hôpitaux, il y a une personne ressource pour répondre à vos besoins, être à votre

écoute. Elle vous donnera de la documentation, vous expliquera les traitements et les effets secondaires possibles, vous aidera pour certains problèmes de transport et vous informera sur les ressources d'auxiliaires familiales;

- Sinon: un numéro de téléphone (sans frais au Québec): **Info-cancer (1-800-361-4212)**, vous y recevrez de l'information et de la documentation.

5- Résumé:

- Vous avez vu le médecin;
- Vous avez reçu de l'information;
- Vous avez reçu votre premier traitement;
- Vous rentrez chez vous;
- Vous avez eu une dure journée;
- Reposez-vous, prenez soin de vous.

6- Vous avez reçu de la chimiothérapie:

- Peut-être avez-vous eu peu de temps pour vous faire à l'idée, entre l'annonce de votre traitement et la visite de votre spécialiste (15 minutes — une heure — une semaine), ça fait beaucoup de choses en peu de temps, mais vous n'aviez peut-être pas le choix. Le médecin vous l'a annoncé et vous a dit: «Je vais te guérir ou essayer de faire mon possible, tu vas suivre l'infirmière, ça ne sera pas long. Tu reviendras dans trois semaines et on en reparlera»;
- Que vivez-vous, actuellement? De la rage, de la frustration, rien du tout, de l'anxiété, de l'espoir? Mais vous êtes là, vivant, pour combien de

temps? Personne ne le sait. Mais quelqu'un peut traverser la rue et mourir tout de suite et il n'a pas le cancer;

- Alors, ne lâchez pas! Le temps, on n'a pas de pouvoir sur lui, c'est certain, mais si on met les chances de son côté, on peut être gagnant.

Après la chimiothérapie:

Les traitements, on en entend parler dans la salle d'attente, à son travail, chez un voisin qui est mort — c'est rassurant pour le patient! Mais dites-vous que personne n'est pareil, que personne ne réagit de la même façon. Cela dépend en partie du patient lui-même. Le patient peut mettre toutes les chances de son côté, c'est-à-dire:

- Prendre un anti-hémétique pour éviter les nausées (le demander à l'infirmière lors du traitement);
- Demander *un casque de glace* pour diminuer la chute des cheveux;
- Si le traitement est fort, la perte de cheveux est importante: se préparer à cette idée (il y a toujours la possibilité de s'acheter une perruque ou un bandeau qui ira avec sa garde-robe);
- Être prêt au moment du lavage des cheveux, car c'est là qu'une grosse partie des cheveux va tomber. «Aller chez un coiffeur», «porter un foulard». C'est difficile et laid, pensez-vous, mais la vie vaut la peine qu'on lui sacrifie peut-être son apparence extérieure pour une période de temps — le temps de guérir et de s'en sortir;
- Prendre le temps de se reposer, d'avoir une

bonne alimentation. Lire des livres positifs pour se remonter le moral. Faire des promenades dans la nature, c'est réconfortant;

- Même si on est limité pour une certaine période, prendre soin de soi. C'est une bonne occasion pour retourner en arrière, pour réaliser ce qu'on n'a pas eu le temps de faire: c'est le moment de s'y arrêter et de se laisser aimer par ceux qui nous aiment;

Qu'est-ce que la chimiothérapie?

- C'est un produit chimique qu'on introduit dans une veine;
- Il détruit les bonnes comme les mauvaises cellules, c'est pourquoi on peut être plus faible et se sentir abandonné, on peut perdre l'appétit, avoir comme un goût de craie dans la bouche et une mauvaise haleine;
- Mais c'est aussi possible de n'avoir aucun de ces symptômes, d'avoir encore plus d'énergie, un appétit d'ogre et le goût de changer le monde;
- Donc, ne pas s'inquiéter: chaque réaction est différente et dépend du patient.

**Prends ton courage à deux mains
bats-toi, tu peux être gagnant!**

Comment agir avec le malade et sa famille?

Questions et réponses

Q. Pourquoi ai-je de la difficulté à parler de ma maladie à mes proches?

R. On a de la difficulté à parler à ses proches car
- ils souffrent eux aussi;
- on ne veut pas leur faire davantage de mal;
- on voit dans leurs yeux notre propre souffrance.

Q. Pourquoi est-ce que je vis dans le passé et n'ose pas regarder le futur?

R. Comme un soleil trop brillant, on ne peut regarder la vérité en face
- pour éviter de ressentir la pitié des autres;
- pour éviter d'avoir à prendre des décisions;
- pour éviter de réagir: de recevoir des traitements qui nous effraient.

Q. Pourquoi suis-je agressif envers tout le monde. Je ne me reconnais plus, j'ai de la difficulté à me supporter moi-même.

R. C'est normal cette étape de colère. C'est correct que tu vives ce sentiment, il faut que cette étape se vive. On ne peut garder à l'intérieur de soi cette haine qui nous démolit.

Q. Pourquoi moi? Pourquoi pas les autres? (on crie à l'injustice)

R. La colère est un sentiment qui n'est dirigé vers personne en particulier, que je sois introverti ou extraverti, car on en veut au monde entier et à soi-même. La colère, une fois passée, on a le pouvoir des choix. Ex.: on décide de suivre tel traitement et de s'ajuster de telle façon (comportement). Ce qui est important, c'est de laisser la personne décider de ce qu'elle veut faire de sa vie, sinon, elle peut vous en vouloir jusqu'à la fin de ses jours.

Q. Comment l'entourage peut-il m'aider?

R. C'est important de savoir que le malade ne nous en veut pas ou n'en veut pas à une personne en particulier. Donc, ne pas le pénaliser ou réagir agressivement;

- Ne pas lui faire sentir de rejet ou de la culpabilité. Ex.: tu ne serais pas seul si tu avais meilleur caractère car les gens viendraient te voir;
- Laisser la personne être responsable de ses actes. Lui laisser prendre ses décisions, c'est-à-dire ce qu'elle veut faire de sa vie, si elle désire refuser un traitement. Le malade peut vous en vouloir jusqu'à la fin de ses jours si vous êtes opposé à ses désirs et ce n'est pas bon pour lui ni pour son entourage.

Q. Pourquoi faut-il que je retourne aux sources, j'ai besoin d'espoir, est-ce normal que je me remette à croire en l'Église, en certaines croyances anciennes. Est-ce normal de faire des promesses: si je guéris, je ferai des dons, des voyages?

R. Oui, le malade essaie de gagner du temps, c'est important pour lui de conserver l'espoir.

Q. Comment doit-on agir avec lui? Il est très dépressif, il s'enferme dans sa chambre, ne veut voir personne, plus aucune activité ne l'intéresse, il parle juste de la mort, il ne mange pas et je le vois pleurer parfois, il est songeur, il a le regard fixe.

R. Lui dire qu'il peut compter sur nous et s'appuyer sur nous si tel est son désir;

- Le laisser exprimer ses craintes, ses angoisses, son état d'âme;
- Lui dire que compte tenu de la situation qu'il vit, c'est normal de se sentir désemparé; même en bonne santé, certains jours, on vit des hauts et des bas; donc, qu'il puisse sentir qu'on ne le rejette pas.

Q. Pourquoi est-il ainsi?

R. Il peut se sentir inutile (arrêt de travail), dévalorisé, dépendant, il a peut-être des problèmes financiers;

- À la suite de ses traitements, il peut avoir maigri, perdu ses cheveux, son image corporelle est modifiée, donc il a de la difficulté à s'assumer en tant qu'être humain, il craint d'être rejeté, mis à l'écart de son milieu habituel; il se demande s'il est encore aimé pour lui-même ou si c'est de la pitié;
- On doit le laisser s'exprimer selon son vécu et nous, son entourage, en faire autant car on se dit ce n'est pas grave, je vais supporter son caractère parce qu'il est malade mais nous, on vit de l'agressivité, du ressentiment, on n'en parle pas, mais nos gestes, eux, disent qu'on en a assez, de

lui, de sa maladie, de ses problèmes. Un mur de silence se crée, la tension monte et le malade et sa famille sont sur la défensive. Donc, être soi-même, se respecter, exprimer ses besoins, son vécu, autant le malade que son entourage. Tenter de vivre au jour le jour, c'est plus facile de régler un seul problème à la fois. S'entourer de gens positifs, d'un décor harmonieux, d'une ambiance chaleureuse, de gens sereins, optimistes, réalistes.

État de dépression

Si votre dépression n'est pas profonde, voici quelques conseils qui vous aideront.

Si vous avez le cafard:

1. Efforcez-vous de faire les choses que vous réussissez le mieux afin de reprendre confiance en vous.
2. Faites de l'exercice physique;
3. Discutez de vos préoccupations avec quelqu'un en qui vous avez confiance et n'utilisez pas l'aide des services téléphoniques anonymes;
4. Concentrez votre énergie sur quelqu'un près de vous: rendez visite à quelqu'un qui est malade ou seul;
5. Prenez des vacances si vous le pouvez;
6. Changez votre routine habituelle, même si ça vous demande des efforts;
7. Faites la liste de toutes vos réussites personnelles et professionnelles;
8. Même si vous n'en avez pas envie, essayez de rendre votre apparence physique attrayante.

Si votre cafard persiste et devient tel que vous ne pouvez vous en sortir seul, demandez l'aide d'un professionnel. C'est normal de demander de l'aide quand on en a besoin, c'est être humain!

Être aimé pour ce que je suis et non pour ce que je représente. (l'image extérieure)

Le cancer atteint une partie de moi, une partie de mon corps — je ne suis pas un cancer car, même malade, je suis moi-même.

Je suis un individu à part entière avec mes qualités, mes défauts, mon vécu. Prenez-moi comme je suis — sans pitié.

Les gens de mon entourage n'ont pas à changer leur façon d'agir envers moi. Je suis (prénom, nom de famille) vivant jusqu'à preuve du contraire.

Respectez-moi, laissez-moi agir en tant qu'individu autonome, libre de mes choix, aimé et respecté pour moi-même et j'agirai de même avec mon entourage et ma famille, reconnaissant de ce que vous faites pour moi.

Éviter la surprotection

Les gens et l'entourage sont bien intentionnés. Ils veulent aider le malade à s'en sortir à tout prix. Ils oublient parfois, pour ne pas dire souvent, de lui demander son avis.

Le malade va recevoir de la chimiothérapie: on sait qu'il peut avoir des nausées, de la difficulté à digérer.

Sans le prévenir, bien disposé envers lui, on va supprimer certains plats (ex: aliments trop gras), changer ses habitudes alimentaires. On va préparer des repas légers (Jello, crème glacée, poudings) car il devrait avoir de la difficulté à digérer.

Il est très important de lui demander ce qu'il aimerait manger, tout simplement. Cela évitera des déceptions à la cuisinière et des frustrations au malade. Le malade, considérant son bien-être, même si un inconvénient survient, sentira qu'il a pu profiter d'un plaisir déjà apprécié.

Le malade est hospitalisé pour ses traitements

On achète pyjamas, robe de chambre, pantoufles car il va recevoir des visiteurs, il va être plus beau.

Mais le malade, lui, qu'en pense-t-il?

«J'étais bien dans mes vêtements, même s'ils n'étaient pas neufs, je me sentais à l'aise, un peu chez moi. J'en ai sûrement pour longtemps à être malade ou hospitalisé si l'on fait tant d'achats.»

La réaction est toute simple: déception de la personne qui a voulu faire plaisir et déception du malade qui doit faire semblant d'être content.

Donc, avant de faire des achats, il est très important de demander l'avis du malade, pour une meilleure harmonie.

Réactions du malade

Il veut conduire lui-même son auto pour aller à ses traitements. Vous lui trouvez un chauffeur.

Il va être mal tout le long du parcours. Il devient agressif de ne pas conduire lui-même car il se dit: «Je suis capable de conduire, je ne suis pas encore mort.»

Vous êtes peiné d'avoir fait tant d'effort pour trouver cette aide et qu'il en soit si peu reconnaissant.

Lui, il se sent malheureux d'avoir mauvais caractère et d'être incompris.

Il est très important de réaliser qu'il peut recevoir des traitements plusieurs fois par semaine. Il sera plus faible. Parlez-lui de votre idée.

Ex.: «Quelqu'un va venir nous reconduire à l'hôpital et on va défrayer le coût du transport. Il va conduire ton auto pour t'éviter du surmenage.»

Il est très souhaitable de faire confiance à l'individu. Respectez ses limites car toute personne malade ressent son corps, sa maladie. Quelqu'un, peut-être un malade dans le département, pour engager la conversation, va lui dire: «Tu as un cancer de quoi?» Alors faites-lui confiance et dites-lui que vous êtes disponible s'il a besoin d'aide.

Savoir ou ne pas savoir

Selon que le malade veut savoir ou non:
- Respectez son choix. Ne pas lui faire part du diagnostic si telle est sa demande;
- Si le patient le demande au médecin, je crois qu'il a le droit de savoir la vérité sur son état de santé car on ne doit pas sous-estimer l'énergie du malade;

- Si vous ne le lui dites pas, il l'apprendra tôt ou tard et sera déçu que vous lui ayez caché la vérité, que ce soit dans les salles d'attente du département d'oncologie ou par l'infirmière («Vous allez passer telle sorte de traitement pour guérir votre cancer») ou par un malade («Vous avez quelle sorte de cancer, vous?»).

Q. Doit-on dire au malade la vérité sur son état de santé, sur l'évolution de sa maladie?

R. Je crois que chacun réagit devant l'annonce de la maladie, de la mort, d'un décès.

Comme le malade vit avec ses propres réactions, s'il vit une situation difficile, il a besoin d'en parler à plusieurs personnes et vérifie sa réaction par la suite. Elle agira de même.

Si la personne est habituée à s'organiser seule quand un événement survient, si elle prend sa décision sans vérifier les arguments, elle agira aussi dans ce sens.

Donc, chacun passe à travers les difficultés selon sa personnalité. S'il a son mot à dire, il se sentira plus impliqué donc, il pourra assumer son état de santé.

Acceptation de la maladie

Q. On dirait qu'il accepte sa maladie, il dit le mot «cancer» maintenant. Est-ce bon signe? Comment l'aider?

R. On apprend à vivre avec son état de santé, à s'assumer.

Q. Comment aider la personne malade à garder son autonomie?

R. Être capable de répondre à ses besoins de base.

À l'heure actuelle, le cancer constitue la deuxième cause de mortalité au Québec; une personne sur trois est atteinte de cancer.

Qui peut se vanter de n'être pas touché par cette maladie? Un membre de notre famille — un voisin — une compagne de travail!

Qu'arrive-t-il lorsque nous l'apprenons? On est porté à répondre «pas lui, pas elle!...» Sommes-nous en mesure de l'aider positivement?

Et si c'était nous: «Moi malade, ça se peut pas!»

Et voilà une réaction en chaîne qui se déroule, comme dans un film!

Travaillant depuis plusieurs années comme professionnelle dans une équipe multi-disciplinaire, je côtoie le malade dès qu'il apprend qu'il a un cancer et je l'accompagne jusqu'à la fin de ses traitements ou de sa vie selon le cas. C'est pourquoi je puis vous affirmer que le malade réagit comme il a vécu toute sa vie, selon sa personnalité, son vécu, son entourage. Chaque individu est unique mais une similitude existe dans la lutte pour la survie! Mais le patient, pour ça, doit connaître son état.

En général au Canada, le médecin apprend le diagnostic au malade mais en Angleterre, ou plus généralement en Europe, j'ai pu constater, suite à de nombreux voyages, que les mentalités différaient.

La personne atteinte d'un cancer ne connaît pas

son état de santé. Le médecin annonce une maladie grave mais sans autre détail. La famille proche, les amis sont informés du diagnostic réel, tous, sauf l'individu concerné. C'est la conspiration du silence. On a peur qu'en sachant la vérité, le patient voit sa santé se détériorer davantage.

On imagine les complots, les mensonges que l'on doit inventer pour maintenir cette loi du silence. On peut ressentir le climat de méfiance et les relations malsaines que cela engendre. Le plus loufoque, c'est que la personne malade finit par poser, par associations, son propre diagnostic, mais elle n'en parle pas.

Autres lieux, autres moeurs. Avec le temps, souhaitons que le malade puisse reconquérir son autonomie.

J'ai posé cette question à un éminent hémato-oncologue, le docteur Henry Pretty, qui est aimé et apprécié de tous ses malades. «Dites-moi docteur Pretty, pourquoi en Amérique du Nord, le médecin dit-il la vérité au malade?» En plus de confirmer mes dires, le docteur Pretty ajoute: «Nous disons la vérité au malade car nous croyons l'individu responsable, c'est un adulte et non un enfant. Pour faire face adéquatement à la maladie, il faut bien connaître tous ses aspects.»

Ma maladie, je l'apprivoise et je la maîtrise

Les étapes des réactions des malades sont décrites pour caractériser le processus. Mais comme il s'agit d'émotions, l'intensité et la durée varient beaucoup selon chaque personnalité, la situation du malade, son milieu, etc. Tous les malades ne passent pas obligatoirement par les mêmes étapes ni dans le même ordre. De plus, un retour en arrière est toujours possible.

Les conséquences de la maladie, chez une personne, sont toujours sérieuses et elles sont perçues et vécues de façon différente chez chacun (selon que vous soyez combatif ou dépressif). Cependant, savoir ce qui se passe est important car cela vous permet de prendre des décisions.

Dans les réactions d'adaptabilité à la situation, l'âge a de l'importance, car plus la personne a vécu, plus elle a accumulé d'expérience, de réalisations, plus elle a joué de rôles dans sa vie. Elle n'a pas, en plus, la culpabilité de laisser des choses non réalisées.

Voici les cinq éléments aidant à décrire les stades réactionnels

— *Sentiments et émotions évoqués par la maladie.* Plusieurs sentiments et émotions sont ressentis lorsqu'on apprend que l'on a une maladie (désespoir, pitié de soi, souffrance, douleur, isolement, culpabilité, honte, etc.);

— *Évolution de la condition physique.* La maladie diminue les activités et la limite varie selon la maladie et sa gravité (elle peut agir sur ses loisirs, le travail, la marche, les déplacements...);

— *Souffrance et douleur* (peurs qu'elles suscitent);

— *Profession, revenu, dépenses.* Une maladie sérieuse peut éloigner du travail donc, joue sur le revenu gagné. Les dépenses, elles, n'arrêtent pas (elles ont même tendance à augmenter);

— *Fermeture de l'horizon du temps.* La conscience d'une maladie grave ferme l'horizon du temps et le rapproche de nous. Il reste moins de temps. Cette conscience du temps amène certains à vivre un deuil anticipé. On se voit déjà mort, alors qu'on pourrait «vivre» le temps qu'il nous reste.

Étapes de réaction devant la maladie

Première étape — Dénégation

En face d'une éventualité qu'on ne peut pas accepter, la première réaction, c'est de la nier. C'est un mécanisme de défense vis-à-vis d'une épreuve trop lourde à supporter: «Non, c'est un rêve, il y a erreur, pas moi!» une négation complète clairement manifestée ou silencieuse. Ce refus agit comme tampon vis-à-vis d'une situation insupportable.

Selon les personnes rencontrées, le dialogue du malade sera différent. Il choisit le langage à tenir avec ses interlocuteurs en fonction de leur force de caractère. L'histoire qu'il raconte varie selon les personnes à qui il s'adresse. Avec les personnes qu'il juge fortes, *capables d'en prendre,* le dialogue sera direct et franc. Par contre, avec la famille qu'il faut ménager, les échanges seront plus difficiles et subtils. On sera donc plus ouvert avec les personnes plus éloignées.

Que faire à l'intérieur de cette situation?

Il fait être présent et disponible pour le malade, être aimable avec lui, accepter ses fantasmes comme normaux dans les circonstances. Il faut respecter sa négation de la situation, ne pas le juger ni le critiquer. On doit accepter le malade tel qu'il est en cet instant dans tout son être, y compris sa négation de l'évidence.

Deuxième étape — La colère

Au cours de cette étape, le malade constate qu'il n'y a pas d'erreur. Oui, c'est bien moi, mais ça n'est pas juste. Sa réaction sera motivée par une conviction d'injustice, un sentiment d'envie, de rancune, de colère ou même de rage. Elle sera conditionnée par la tendance naturelle du malade. Est-il extraverti, la réaction sera manifestée facilement. Est-il plus fermé, elle se dévoilera sournoisement.

La réaction est dirigée contre personne en particulier mais peut prendre n'importe quel prétexte. Tout agace le malade; il devient insupportable, négatif, critiqueur. Il ne voit que le mauvais côté des choses. Tout l'angoisse. Il choisit les événements dramatiques auxquels il peut comparer son cas. Parfois, la réaction se fait explosive, avec une intensité sans rapport avec ce qui l'a provoquée mais le malade croit avoir raison.

Cette réaction de colère est importante. C'est une manifestation de réalisme. Elle apporte un soulagement au malade.

Mais comment se comporter avec le malade qui subit cette épreuve? Il faut d'abord la reconnaître et surtout éviter de s'engager dans une réaction parallèle. Ici encore, nous devons respecter le malade et lui donner l'occasion d'être lui-même. Nous accuse-t-il de vétilles qu'il monte en épingle? Admettons qu'il y a chez nous place à l'amélioration. Souvent cependant, le malade nous rejoint dans nos véritables maladresses, dans nos défauts ou dans l'impossibilité ou la contradiction de nos tâches. Il ne faut pas alors discuter avec lui mais l'aider à se rendre compte que nous ne pouvons pas faire l'impossible.

Troisième étape — Le marchandage

Le marchandage est la manifestation d'un mécanisme d'espoir très fort. Il aide à bâtir une motivation d'engagement dans un traitement lourd. Il peut être personnel, silencieux; c'est une affaire avec le Créateur. C'est souvent la promesse de faire quelque chose d'exorbitant en échange de la guérison.

Le marchandage peut aussi être ouvert et inter-personnel, avec le médecin, le personnel soignant et la famille. Alors, le malade consent à un traitement moyennant l'assurance d'un profit. En fait, le malade élabore des projets et pose des jalons pour les réaliser. Il faut respecter ces projets même si, à première vue, ils apparaissent impossibles. Les malades se chargent eux-mêmes de les adapter aux possibilités.

Le marchandage est donc le signe des projets du malade. Il faut respecter ces projets, c'est un important outil de travail.

La réalité s'est imposée au malade avec tous ses inconvénients. La situation financière ne manque pas de l'inquiéter, il est en train de perdre son autonomie physique et sociale. Les pertes encourues ne sont pas compensées par des amis et il ne voit pas l'éventualité d'un changement de situation. Il est normal que le malade soit déprimé.

On doit éviter que le malade se complaise dans la description de sa dépression et surtout ne pas lui demander de la décrire, cela n'aurait pour résultat que de l'y enliser davantage.

On aidera plutôt le malade à se resituer dans les moments heureux de sa vie, choisis dans les divers âges, notamment dans l'adolescence et l'enfance. On incitera le malade à se remémorer et à raconter ce qu'il était et ce qu'il faisait. Il est plus que probable qu'il y découvrira des projets à reprendre, non finis et valorisants. La famille ou l'entourage sera utile en l'aidant à opter pour des projets faisables maintenant sans demander beaucoup de choses.

Un exercice qui peut s'avérer fructueux consiste pour le malade à écrire ses goûts et ce qu'il aimerait réaliser, de façon spontanée en quelques minutes. En effectuant cet exercice à intervalles réguliers et en examinant les textes ainsi rédigés, le malade constatera un progrès, une certaine précision des choses qu'il est capable de réaliser seul en relativement peu de temps et avec un minimum d'équipement ou de ressources extérieures. Cette découverte d'une autonomie possible, d'une certaine créativité, lui ouvre des horizons nouveaux et peut être le signal d'une diminution ou d'un arrêt de la dépression.

Le choix du projet n'est cependant pas immuable, il peut être modifié ou changé. L'important, c'est de le respecter sans le juger.

Cinquième étape — Acceptabilité

Il faut bien entendre ici l'acceptabilité et non l'acceptation. Par cela, on veut dire que le malade réalise le fait qu'il est malade mais il est décidé à traiter sa maladie et éventuellement la guérir. Si la maladie n'est pas guérissable, le malade veut vivre pleinement son sursis, dans les meilleures conditions et le plus longtemps possible. Les malades qui acceptent ce défi ont une survie de deux à trois fois plus longue et c'est aussi chez eux qu'on retrouve le plus de guérisons.

Ces diverses étapes n'existent pas toutes chez les divers malades. Certains en escamotent et arrivent plus rapidement à l'acceptation. D'autres s'enferment plus longtemps dans les premières étapes ou même y reviennent après en être sortis. Mais on est gagnant, peu importe l'échéance.

La transformation ou la mobilisation des énergies pour une vie nouvelle

Pour vivre avec et malgré la maladie, il faut avoir une certaine indépendance c'est-à-dire faire un pas vers l'autonomie. De fait, il faut apprendre à être soi-même. Si étrange que cela puisse paraître, pour devenir soi-même, il faut changer. En effet on n'est jamais totalement libre, indépendant, autonome; on ne fait jamais tout ce que l'on veut. Il faut d'abord accepter d'être soi-même, d'être fidèle à soi, de devenir soi-même. C'est un processus long et continu, un processus parfois difficile et non pas simplement l'application de techniques ou de trucs. Il ne faut donc pas s'attendre ici à une énumération de méthodes ou de recettes de transformation de son être mais plutôt à la description des passages qui y conduisent.

Comprenons d'abord que le processus de transformation est continu. Le fait de régler un problème important n'en empêche pas d'autres de surgir, aussi énormes et alarmants. Le principal, c'est d'y faire face. Une nouvelle crise se présente, c'est une nouvelle chance de croissance.

Avant d'aller plus loin, il faut se rendre compte que l'âge, la formation antérieure et l'expérience de la vie ne nous immunisent pas contre ces problèmes et ces crises. La perception de la réalité ne règle pas non plus, par elle-même, les problèmes mais elle peut être le début de certaines solutions. Il s'agit de nous établir un système d'attitudes où nous contrôlerons personnellement ce que nous pouvons faire pour accomplir des choses et où nous tirerons profit des circonstances et des événements pour un agrandissement et une transformation de notre être.

Ce n'est pas facile d'être autrement que ce que l'on a été, de changer les attitudes et les habitudes et l'image qu'on projette autour de soi. Devant cette nouvelle naissance, on résiste, on a recours à toutes sortes de prétextes: «pas de temps, tout le monde va s'y opposer, on ne me reconnaîtra plus...»

D'autre part, il est évident qu'on ne peut pas rester le même. Lorsqu'un problème sérieux apporte des modifications profondes dans sa vie, il n'est plus possible de vivre de la même façon qu'auparavant. L'annonce d'une maladie sérieuse, quelle qu'elle soit, déclenche une crise aiguë qu'on ne peut éviter. Les conditions de sa vie personnelle sont toutes bouleversées à partir de l'horizon du temps jusqu'à ses projets. L'espérance de vie s'est raccourcie, les projets caressés deviennent aléatoires, la responsabilité sociale ou familiale n'est plus assurée, les liens amicaux ou familiaux risquent également une brisure prématurée. Cette crise est assommante et peut déterminer un abattement dont on est incapable de sortir. C'est bien dommage, mais on ne doit pas juger les personnes qui en souffrent. Il arrive également qu'une telle crise favorise au contraire le développement de la personnalité, la transforme. La crise, circonstance externe, nous influence dans notre for intérieur. L'événement déclenchant peut être autre que la maladie: perte d'emploi, perte matérielle, deuil, etc. Il peut aussi intéresser une personne du noyau familial. Une crise qui frappe un membre de la famille blesse ordinairement tous les autres. Sous le choc, chacun évolue selon sa personnalité avec tout ce que signifie ce terme.

Cette transformation des émotions existe. Mieux vaut la mettre à son profit que d'en être paralysé, de la nier ou de la fuir. On a l'avantage d'utiliser ce qui se passe pour en profiter afin de s'agrandir, d'épanouir sa personnalité. Mais comment faire?

D'abord, il faut parler de son problème, consulter. On ne doit pas se croire plus fort qu'on ne l'est et se penser expert en ce domaine de nos sentiments, de nos attitudes et de notre manière de prendre les choses. On consulte pour tout, son argent, ses transactions, sa santé physique, son automobile... Mais quand il s'agit de consulter pour être bien dans sa peau, pour solutionner ses problèmes de fonctionnement et mobiliser ses ressources, il y a peu de gens qui ont leur consultant. Évidemment, il faut éviter les excès comme dans toutes choses. Il ne s'agit pas de se laisser asservir par un programme psychothérapeutique soutenu et complexe hors de proportion.

Mais la consultation ne doit pas nous effrayer; nous ne devons pas craindre de nous confier. Déjà, le fait de nous confier à quelqu'un ramène le problème à des plus justes proportions.

Les techniques comme le yoga, le massage, la méditation transcendantale, etc., peuvent être utiles mais dans les limites de ce qu'elles peuvent apporter (attention de ne pas en devenir esclave).

Lorsqu'on atteint l'étape de l'acceptabilité, c'est-à-dire qu'on a convenu personnellement de vivre malgré et avec la maladie et qu'on a décidé de faire quelque chose dans ce sens, on est entré dans le mécanisme de la transformation. Les étapes ou phases par lesquelles on va passer sont au nombre de quatre:

1. Phase de l'anticipation: («J'espère malgré tout»)

C'est une phase de décision, d'observation, de préparation. On a la conviction qu'à cause des événements par lesquels on passe, un changement est nécessaire. Mais la route n'est pas précisée. On commence alors à nettoyer la voie en éliminant les choses qui ne nous sont ni agréables ni nécessaires. On applique la force de l'espérance, la capacité d'attendre, certain que cette attente n'est pas l'intervalle, on a commencé à déblayer la route des entraves à l'autonomie. On fait le bilan de son identité véritable et de ses fonctions vraies. On s'écoute et on se connaît mieux, on apprend à vivre avec soi dans le calme de son isolement. On s'aperçoit qu'on peut utiliser ses propres ressources pour être heureux, sans avoir besoin de l'extérieur. Si en plus, on est malade, il y a trois choses importantes à utiliser. La première, c'est de mieux connaître son corps, de le respecter et de déceler les signes qu'il nous adresse et en tenir compte. N'attendons pas de trembler comme une feuille, d'éclater en sanglots et de s'écraser sous la fatigue. Il y a longtemps que notre corps nous a averti que nous avions atteint le seuil de l'endurance mais nous n'en avons pas perçu le signal.

On a aussi, apparemment, de la difficulté à accepter une limitation d'aptitudes imputables à la maladie (attention de ne pas repartir trop vite; le congé de l'hôpital ne signifie pas la réadaptation automatique. Il faut récupérer progressivement). Il faut bien tenir compte de son organisme et le respecter, c'est-à-dire suivre ses capacités de progrès.

La deuxième chose importante dans la mobilisation de ses ressources pour les phases de la transformation est un ensemble d'adaptations nécessaires à la situation qui a changé. Le retour à la maison après une maladie nous rend vite conscient que notre situation dans l'environnement familier n'est plus la même. Il y a des choses qu'on ne peut pas faire comme auparavant et des situations qu'en conséquence on doit subir au moins pour un temps. Une maladie sérieuse amène encore des modifications dans le travail, les revenus, les relations sociales, les dépenses possibles, etc. Il faut s'adapter à la situation nouvelle et faire des choix par rapport à ses ressources actuelles, à ce que l'on est capable de faire aujourd'hui et à ce qui est utile ou non.

La troisième chose à considérer est qu'il faut revenir sur son passé et y découvrir de bons moments. On n'est généralement pas totalement satisfait de son passé et on espère davantage de l'avenir. Mais si on fait abstraction de l'avenir et qu'on fait le bilan de son passé, ce n'est pas si mal, c'est même bien. Constatons que nous avons fait pour le mieux dans les circonstances. Donc, revenir sur le passé, y retrouver quelques réussites, leurs causes et leurs conditions et en acquérir de la confiance en soi.

On n'en est encore qu'à la première phase (j'espère malgré tout). On sait qu'un changement a été imposé sur soi auquel doit correspondre un changement qui dépend de soi. On sait désormais qu'on est compétent pour faire ce changement. C'est très encourageant.

2. Séparation et incubation: («Je m'abandonne»)

Cette phase est d'un accès quelque peu menaçant parce qu'il y semble que le nouveau qu'on doit adapter à la situation repose sur des choix difficiles, c'est-à-dire aussi sur des abandons, des abandons sans garantie. «Si je dois cesser ceci, à quoi m'occuperai-je demain?» C'est une éventualité qui fait peur. Il y a des tas de choses qui me seront interdites. En me transformant, il faudra trouver de nouveaux projets, de nouveaux processus de vie désormais essentiels. Mais où les trouver? En nous-mêmes.

Dès que nous avons décidé qu'à l'état nouveau qui était le nôtre devait correspondre une réaction nouvelle, c'est-à-dire des choses nouvelles à faire dans un contexte nouveau, les idées viennent spontanément. Il suffit de s'y abandonner, de les laisser incuber. Ces idées, ces projets sont très précieux puisqu'ils résultent de notre personnalité profonde et représentent nos aspirations. Ils nous apprennent qui nous sommes et où nous voulons nous diriger. Il ne faut pas censurer ces idées. Il vaut mieux laisser la porte ouverte et laisser mûrir l'idée maîtresse.

3. L'expansion: («Je me mouille»)

Finies les hésitations, je m'engage. Le temps n'est plus à l'analyse mais à l'action. On note plusieurs réactions. Si on est une personne superénergique, on essaie tout, du patin au concert, tout en même temps. En général, on est cependant plus modéré. En somme, on passe par une phase d'exubérance. Les barrières se sont abaissées et il est permis de faire des expériences. Les choses que l'on essaie ne seront pas forcément des occupations définitives. Il est bon de tester les projets qui nous apparaissent réalistes, faisables et appropriés à notre condition physique, financière, et psycho-sociale et qui en valent la peine. Ces projets comportent un élément de créativité. Il ne s'agit pas d'y devenir expert mais de découvrir une ressource personnelle insoupçonnée. Cette découverte augmente la confiance en soi et renferme la promesse qu'on a d'autres ressources inexploitées. Pendant cette période, on explore plutôt que d'adopter un projet très engageant. C'est très bien comme ça. Et c'est de l'action et non plus simplement de la rationalisation intellectuelle.

Après, on commence à sélectionner. Le tri, la sélection des projets à entreprendre ou à continuer se feront désormais en raison de nos goûts personnels, de nos aspirations, compte tenu de nos ressources et non pas en raison des contingences. On s'engage alors dans un processus à long terme, de façon réaliste et surtout par rapport à soi. L'utile se dégage de l'inutile, le possible de l'impossible, la réalité de l'utopie.

Si on a un projet personnel faisable et auquel on tient, les antagonistes ne seront pas un obstacle. On saura dire non, être fidèle à soi, d'une fidélité qui ira en croissant. L'avenir paraîtra plus net. On sera plus autonome. On sera sociable mais on pourra se passer des autres. Le *pontage* avec d'autres ne sera pas essentiel. Cette fidélité personnelle commande également le respect de l'autre, le respect de la personnalité de l'autre, de son autonomie et de son développement.

4. L'intégration ou l'incorporation

Cette phase est l'assemblage de toutes les étapes antérieures dans un tout cohérent, équilibré et conscient. Vous savez comment vous êtes parvenu à cette autonomie mais cela ne veut pas dire que tous les problèmes sont résolus. D'autres problèmes ou situations surgiront mais que vous envisagerez plus sereinement parce que vous connaissez vos ressources.

De problème en problème, de solution en solution, la sérénité s'acquiert. Cette sérénité est fondée sur les ressources dont on a pris conscience, sur les progrès accomplis, sur la confiance en soi et le courage qu'on a acquis au cours des jours difficiles. Une personne sereine est en pleine possession des moyens dont elle dispose et les applique à bon escient et courage. La sérénité peut se développer sans arrêt, constamment.

Témoignage

11 décembre 1984

Demain je suis opérée
Demain tout finit, tout s'écroule.
Toute ma vie s'effondre.
Mais laisse-la s'effondrer.
Tout ça n'est que passé désormais.

Demain tout recommence pour moi.
Tout renaît sous un jour nouveau.
Je dois réorienter ma vie.
Je dois combattre cette mort qui s'opère en moi
Pour reconstruire ma vie.

Étant désormais incapable d'engendrer une autre vie
C'est désormais la mienne, et seulement elle, qui est im-
portante.
Je la vivrai comme il n'est pas permis de vivre.
Je la vivrai comme jamais personne ne l'a vécue.

Cette nouvelle vie qui s'ouvre à moi
Ce sera mon enfant.
Je la chérirai, je l'aimerai, je l'adorerai.
Comme une mère peut adorer le fruit de ses entrailles.
Je t'aime la vie et
Je te tiendrai serrée contre moi
Pour que tu ne m'échappes jamais
Je ne te décevrai pas.

Je t'aime la vie!

Vie!

C'est ce qu'écrivait une jeune fille de 17 ans, atteinte de cancer, déjà opérée deux fois et qui devait, le lendemain, subir une hystérectomie, ablation de l'utérus, qu'elle avait acceptée. Quel réalisme, mais surtout quel rebondissement courageux. Trois lignes pour constater le désastre, deux pour l'accepter et tout un poème pour renaître et atteindre d'emblée une hauteur sublime! Tout cela, chez une fille de 17 ans. Quel chemin a-t-elle parcouru! Quel hymne à la vie!

Sylvie est réaliste mais elle ne perd pas de temps dans l'acceptation de la réalité: «Tout ça n'est que passé désormais.» Le désastre devient une source de vie renouvelée, agrandie, qu'elle enfante avec toutes ses ressources de femme accomplie. Elle se transforme immédiatement en retrouvant sa maturité perdue: mariage mystique avec la Création, envolée vers l'Au-delà!

Sylvie est un exemple de transformation continue, immédiate, vers de nouveaux sommets. On n'atteint pas ce niveau d'emblée. La transformation apparaît ici dans sa perfection. C'est une mobilisation de ses ressources personnelles les plus positives pour atteindre l'agrandissement maximal de sa personnalité: la chrysalide qui devient papillon. À un niveau plus accessible, la transformation est une libération pour devenir soi-même. On y parvient par étapes, surmontant les difficultés, évitant les traquenards et déjouant les embûches. La connaissance de ces étapes, surmonter les difficultés, éviter les traquenards et déjouer les embûches constitue un outil qui nous situe dans la démarche. Devenu soi-même et agissant plus librement, on peut mieux comprendre les autres, les aimer tels qu'ils sont et les aider. Ce n'est pas de l'égoïsme. Le changement amorcé ne permet plus de retour en arrière, c'est un mécanisme sans fin qui s'accélère au fur et à mesure de l'expérience.

Dans son atteinte parfaite, celle de Sylvie, la transformation chevauche sur la voie des mystiques. C'est une harmonie complète entre son âme, son cœur, son intellect, son corps, les êtres qui l'entourent et la nature, une présence totale de soi en communication avec l'univers. Chacun a connu de ces moments privilégiés au cours de sa vie, instants de joie, de plaisir, d'amour, de confiance en soi, de gratification à la suite d'un succès. On voudrait les prolonger, les étirer mais tout s'efface, tout finit. Selon Rudvar, l'homme recherche perpétuellement un retour vers l'éden, le paradis, un idéal absolu, une forme sublime de conscience, recherchée davantage en situation de crise. En fait, les difficultés, du moins appréhendées, se mêlent à nos bonheurs infinis.

On ne parle plus beaucoup de bonheur, mot qu'on remplace par les expressions *qualité de vie* et *être bien dans sa peau*. On n'a pu définir ces expressions, non plus que le bonheur. C'est peut-être mieux ainsi que de vivre avec une définition qui pourrait être fausse. En réalité, la qualité de vie est quelque chose d'individuel. En bref, on peut l'assimiler à un état de liberté ou d'autonomie, vis-à-vis des contingences biologiques, sociales, économiques et psychiques, état où la santé joue un rôle primordial et où l'individu évolue librement vers la réalisation complète de sa personnalité.

Au cours de notre vie, nous avons tous subi des changements. Ils furent très rapides dans notre enfance. Songez à ce qu'un enfant doit apprendre au cours de sa première année et aux relations qu'il établit avec son milieu. L'adolescence est une autre période révolutionnaire à tous points de vue, biologique, physiologique et psychique. Et ça se continue à tous les âges de la vie. Toute adaptation à des circonstances nouvelles est une occasion de changement. Si les circonstances ou les agressions sont sévères, comme la perte d'un être cher ou d'un bien essentiel, une maladie sérieuse ou grave, c'est d'abord la réaction du choc qu'on subit qui domine. Ainsi l'annonce ou la réalisation qu'on est atteint d'une maladie cancéreuse provoque un état de crise au cours de laquelle on peut passer par plusieurs étapes qu'on a groupées sous le chapitre de l'adaptation: abattement, dénégation, colère, dépression, acceptabilité. Ces étapes ont été décrites dans les pages précédentes.

À partir du moment où on s'est rendu compte que le cancer était là, qu'on pouvait le combattre et qu'en attendant il fallait vivre avec, tout est changé; on ne peut plus vivre comme avant. Les modifications qui s'opéraient à un rythme adapté à la vie antérieure sont brusquement accélérées sous l'influence du choc et prennent une orientation plus précise. La vie continue, s'accélère intérieurement et n'est plus comme avant. La transformation s'intègre donc dans le cours de la vie antérieure mais subit une impulsion nouvelle et un sens nouveau par suite du choc de la maladie, à condition qu'on le surmonte.

À la fin de la période d'adaptation, lorsqu'un

changement s'impose à l'esprit du malade, il hésite et craint d'exposer un personnage nouveau à son entourage qui n'a pas nécessairement accompli le même cheminement. Les influences extérieures auxquelles on a obéi ont perdu de leur importance. C'est la force intérieure qui domine désormais. La direction des réactions et des projets provient du sens profond et étendu qu'on veut désormais donner à sa vie. On devient autonome dans sa pensée et ses désirs. Les contingences font place à l'essentiel de la vie, une vie en harmonie avec l'humanité et avec la création. Si on en a le temps et les ressources, on peut atteindre un état de perfection semblable à celui de Sylvie. Les étapes de la transformation ont déjà été exposées dans un entretien antérieur. La première, l'anticipation («J'espère malgré tout») résulte en un recrutement des énergies fondé sur la «relecture», c'est-à-dire la mémoire des accomplissements antérieurs. La seconde, la séparation («Je m'abandonne») est une période d'hésitation face à l'abandon de son ancienne image mais qui permet finalement une acceptation de sa personnalité profonde. Enfin, la dernière étape, l'incorporation («Je suis») consiste en l'application continue des données de la nouvelle philosophie de vie qu'on s'est construite. Elle est plus sereine. On ne cherche plus, on progresse selon son propre rythme.

Ces changements peuvent faire penser à de l'égoïsme. En réalité, il n'y a pas plus d'égoïsme que dans les progrès de la personnalité au cours de l'adolescence par exemple. Cette transformation accélérée et personnelle peut étonner l'entourage qui n'a pas obligatoirement fait le même engagement. Mais elle n'impose rien aux autres que l'on accepte et aime tels qu'ils sont. Cela fait partie de la transformation qui est une période beaucoup moins radicale que l'adaptation.

Rappelez-vous que les gens vous aiment pour ce que vous êtes intérieurement et extérieurement et non pour ce que vous faites!

Donc soyez vous-même, **vrai**.

Quels sont les symptômes révélateurs d'une maladie?

1. Modification apparente d'une verrue ou d'un grain de beauté:

Accroissement de la taille ou changement de couleur;

2. Changement des fonctions des intestins ou de la vessie:

Apparition, spécialement après 40 ans, d'une paresse intestinale ou de selles noirâtres;

3. Persistance d'une voix enrouée ou de toux:

Attention à ces symptômes, surtout si vous êtes fumeur;

4. Troubles permanents de la déglutition:

Les troubles digestifs sont courants, mais s'ils sont persistants et s'ils sont accompagnés d'amaigrissement, consultez votre médecin;

5. Une blessure qui ne guérit pas: une enflure qui ne disparaît pas:

Entre autres, une ulcération persistante de la peau, de la langue ou des lèvres;

6. Hémorragie ou perte par un orifice du corps (en dehors des règles):

En particulier toute perte anormale chez la femme après la ménopause;

7. Nodule palpable ou induration, en particulier dans le sein:

À noter en plus de ces grosseurs dures et indolores au sein, tout écoulement anormal par le mamelon.

La plupart du temps, ces symptômes n'ont rien à voir avec le cancer. Mais s'ils persistent, si vous constatez une modification de votre état normal sans cause apparente et même sans douleur, n'hésitez pas: consultez votre médecin.

N'oubliez pas qu'un cancer découvert et traité à temps a toutes les chances de guérir.

Qualités de la relation «aidante»

Comme bénévoles, comment accompagner les patients et leur famille? Comment les aider à cheminer vers la transformation?

- Avoir un grand respect pour la personne et les sentiments qu'elle exprime — même la colère et l'agressivité (car elle n'est pas dirigée contre nous);
- Ne pas résoudre les problèmes, mais aider le patient et la famille à le faire;
- Comprendre soi-même et faire comprendre à la famille que le malade a encore un pouvoir de décision. Aller chercher ses forces dans des situations antérieures (ex.: comment il s'est déjà sorti d'une situation difficile);
- Ouvrir des portes, c'est-à-dire utiliser une approche qui va aider la personne à se raconter — à exprimer ses sentiments (Écoute active);
- Vérifier vos perceptions et vos pensées à la suite de ce que vous voyez et entendez;
- Faire confiance à votre vécu dans votre capacité d'aider;
- Vivre le moment présent.

Liste de mots décrivant des émotions

(pour mieux s'exprimer)

haine	peur	colère	bonheur
désagréable	terrifié	sensible	heureux
amer	effrayé	offensé	gai
repoussant	anxieux	enragé	joyeux
odieux	craintif	coléreux	chanceux
détestable	troublé	hostile	fortuné
méprisable	soucieux	insulté	ravi
antipathique	stupéfait	vexé	content
répugnant	alarmé	tourmenté	satisfait
dégoûtant	appréhensif	hors de soi	comblé
abominable	préoccupé		rayonnant

amour	désappointement	tristesse	confusion
affectueux	ennuyé	éploré	mêlé
sensible	malheureux	peiné	hésitant
amoureux	insatisfait	froissé	bouleversé
aimable	frustré	déprimé	confondu
tendre	désillusionné	tourmenté	désarçonné
dévoué	débâti	angoissé	renversé
attaché	blessé	désolé	incertain
passionné	fautif	malheureux	indécis
fou d'amour	rejeté	pessimiste	perplexe
très estimé	écrasé	mélancolique	embarrassé
		en deuil	

Autres mots:

admiré, agressif, audacieux, bien, bloqué, calmé, compréhensif, confiant, coupable, curieux, découragé, déçu, dégagé, dépendant, dépité, désemparé, désolé, diminué, émerveillé, encouragé, enthousiaste, étouffé, excité, fier, forcé, gêné, habile, hésitant, impuissant, impulsif, indifférent, inférieur, inquiet, insensible, intéressé, jaloux, joyeux, las, libre, mécontent, méfiant, nerveux, nonchalant, paisible, peureux, rancunier, réservé, résistant, révolté, rigide, sous-estimé, surpris, sympathique, tendu, tranquille, toqué, vulnérable.

Intervention auprès du patient atteint de cancer

(Service d'hémato-oncologie, Hôtel-Dieu de Montréal)

Il existe plusieurs techniques d'intervention psychologique. Aucune n'est supérieure à une autre, mais certaines peuvent donner de meilleurs résultats selon le type de problèmes rencontrés. Une approche adéquate avec les patients atteints de cancer est dite «intervention en situation de crise». Ce type d'intervention répond à des principes particuliers. Avant d'énumérer ces principes, il est important de connaître quelques caractéristiques de ce qu'on appelle une crise.

Qu'est-ce qu'une crise?

Une crise se présente lorsqu'un individu ne peut réagir efficacement devant une difficulté apparemment insurmontable. Ne pouvant surmonter l'anxiété causée par cet événement, une période de perturbation émotionnelle apparaît, dégénérant en crise si aucune tentative de solution du problème n'est entreprise. Pendant la période de crise, on retrouve chez l'individu des troubles de fonctionnement dus à une brisure de ses mécanismes adaptatifs.

La crise est unique à chaque individu même si la cause est identique. La personne perçoit la situation en fonction d'elle-même.

La crise ne devrait pas durer plus de huit semaines y compris une phase aiguë. Après ce temps, il sera d'autant plus difficile à l'individu de retrouver son équilibre.

Chez le patient atteint de cancer, on peut parler de crise «extrême» à cause de l'impact émotif que cause cette maladie chez le sujet: confrontation avec l'idée de mort, traitements souvent pénibles, pertes des capacités physiques, changement de l'image corporelle, etc.

Les patients atteints de cancer peuvent vivre des périodes de perturbation émotionnelle de façon cyclique: récidive, effets secondaires des traitements, problèmes familiaux ou autres.

L'intervention

Un des principes de l'intervention en situation de crise est qu'elle est de brève durée. Quelques rencontres peuvent suffire; quelquefois, une seule est suffisante si elle permet l'expression des émotions reliées à la situation, donc à la maladie et si elle permet également d'aboutir à une solution visant une meilleure adaptation à la nouvelle vie du patient.

Deux éléments sont donc très importants dans l'intervention auprès du patient atteint de cancer: la libération des émotions et les solutions du problème.

L'expression des émotions

La personne atteinte de cancer est confrontée à la difficulté de parler de ses peurs, de ses angoisses parce que le milieu familial et l'entourage sont souvent incapables de discuter de ce sujet. Elle évite de parler de sa maladie. En parler permet pourtant une vision claire de la situation.

À l'annonce de la maladie, on retrouve le plus souvent des réactions de désespoir, de solitude, de révolte et de dépression. L'individu a besoin de support. Il peut vivre aussi de la culpabilité face à sa famille et à sa maladie.

Aussi est-il essentiel que les émotions, que les sentiments de la personne atteinte de cancer puissent s'exprimer. Ceci est la base d'un retour à un meilleur fonctionnement. Une fois ce travail terminé, il y a de la place pour autre chose, il est possible alors de chercher des solutions à son problème, de retrouver un désir de se développer et de vivre.

Il faut donc toujours vérifier comment a réagi la personne à l'annonce de sa maladie et si elle en a parlé avec quelqu'un, **car plus la réaction se fait attendre, plus le délai est long entre la réaction et le facteur déclenchant la crise, plus il a des troubles de fonctionnement, plus ces troubles risquent d'être pathologiques et plus le temps de thérapie est long.**

Il est important que la personne soit rassurée sur ses réactions qui sont normales dans la situation. Souvent les patients croient qu'ils sont en train de devenir fous. Il faut leur expliquer ce qui se passe et ce qui peut se passer au point de vue psychologique pour qu'ils puissent y faire face. En situation de crise, nos traits de personnalité s'accentuent. Si vous êtes de tendance agressive, il y a de fortes chances que vous réagissiez par de fortes réactions agressives lors d'un événement difficile. À cause de cette accentuation des traits de la personnalité, la situation de crise est, paradoxalement, un temps privilégié pour faire un travail sur soi, pour évoluer.

Plusieurs patients en consultation parlent presque uniquement de leur façon d'être et très peu de leur maladie, non par défi, mais parce qu'ils se rendent compte que le comportement dérangeant en question leur a toujours nui et davantage encore pendant la maladie.

La solution du problème

Les techniques de solutions de problèmes consistent à guider le patient pour qu'il trouve *sa* solution à *son* problème.

Pour cela, il est important
- de vérifier s'il a déjà vécu des moments difficiles dans sa vie et comment il s'en est sorti. Est-ce que les solutions utilisées à ce moment-là étaient efficaces? Est-ce qu'agir de la même façon favoriserait un meilleur fonctionnement?

- d'explorer ce qui intéressait le patient avant la maladie, ses activités et si c'est possible de les poursuivre ou de les reprendre, en tenant compte de ses limites. Très souvent, le patient ne voit qu'un «trou noir» devant lui et réagit comme si toutes ses facultés étaient éteintes parce qu'il a un cancer;

- une autre façon est de demander au patient d'imaginer la même situation chez quelqu'un d'autre et de lui demander comment cette personne pourrait se sortir de sa situation.

Trouver une solution à son problème, c'est en fait découvrir une stratégie pour affronter sa réalité et ainsi diminuer l'anxiété et le stress engendrés par la situation perçue comme horrible et sans espoir.

En résumé, il importe de se rappeler que l'on doit d'abord aider la personne atteinte de cancer en état de crise (suite au diagnostic ou à une récidive, ou aux traitements souvent difficiles) mais que l'on doit ensuite la diriger vers l'adaptation à long terme dans le fonctionnement quotidien. Il faut d'abord aider le patient et aussi sa famille à exprimer les émotions reliées à la situation et, dans un deuxième temps, mobiliser les aspects positifs et actifs de la personne qui permettent la combativité.

Acquisitions face à la maladie

Le malade apprend à
- développer son intuition;
- choisir de parler à celui ou celle qui la comprend;
- rendre visite à une personne forte ou une tierce personne;

- exprimer ses émotions;
- exprimer ses attentes;
- apprécier la vie et ses à-côtés;
- aimer les gens pour ce qu'ils sont et non pour leur productivité;
- exprimer sa colère, ses frustrations, sans se sentir coupable;
- prendre soin de soi sans se sentir égoïste, égocentrique ou coupable;
- vivre plus intensément le moment présent et vivre au jour le jour;
- découvrir les autres (quand j'ai de la peine, je peux le sentir chez autrui);
- renouer avec des valeurs sûres, moins matérielles, moins superficielles;
- redécouvrir ses croyances, sa foi;
- s'accepter avec ses limites, ses forces, ses faiblesses, ses possibilités;
- redécouvrir une nouvelle maturité, une nouvelle raison de vivre, des réalisations palpables.

Les intervenants apprennent à

- écouter sans juger;
- laisser les malades vivre leurs émotions.

Comment être à l'écoute de soi et des autres

Une démarche personnelle:
Toi qui veux être aidant, prend
le risque de lire ce chapitre.

Comment devenir aidant:

Être à l'écoute de soi et d'autrui

Ceci n'est pas un cours théorique, mais nous essaierons de vivre des choses personnellement avant d'essayer de les vivre avec d'autres. Il faut apprendre à accueillir des choses difficiles pour être capable de comprendre ce qui se vit chez les autres. L'approche aux mourants est un sujet très intéressant et très difficile à la fois. Elizabeth Kubbler Ross disait lors de son passage récent dans la région: «Arrêtons de parler de la mort et apprenons à la vivre.» C'est la même chose pour la maladie. C'est quoi la maladie? C'est quoi la santé? Dans le dictionnaire, la santé est définie comme *un état de bien-être physique, psychologique et social.* Nous avons besoin de notre corps, besoin de penser et besoin des autres. Le corps c'est, pour chacun(e), la façon d'habiter le monde, d'être présent à soi-même et à autrui. Communiquer, c'est être là, être avec et être auprès de... La maladie, comme le mourir pour un être humain, doit être un choix de l'intérieur comme pour chaque événement de la vie. Il y a deux possibilités en face de la vie: celle de choisir ou celle de subir. Le choix suppose une connaissance, une compréhension, pour que nous puissions l'accepter. Le «subir» demande un effort, très souvent épuisant parce que nous luttons, parce que nous n'acceptons pas. Il faut beaucoup de motivation pour réaliser quelque chose. Quand nous sommes motivés, nous ne comptons pas nos fautes, les énergies mises, nous réalisons simplement. Tout devient plus léger. Quand nous subissons, ça devient lourd parce que nous luttons contre quelque chose et nous y mettons aussi beaucoup d'énergie.

À ce stade-ci, nous allons faire une expérience. Nous allons nous fermer les yeux quelques minutes et laisser notre chapeau de religieuse, de curé, de psychologue, de professionnel à la porte. Regardons comment nous sommes, intérieurement, comment nous voulons vivre notre journée aujourd'hui. Je vais me permettre de dire «tu» à tout le monde, à Jean-Paul, à Marie, à Gisèle, parce que je veux parler au cœur de Jean-Paul, de Marie, de Gisèle, je veux parler à «ton» cœur. Je veux aussi que tu essaies de penser à ton corps, comment il est aujourd'hui. Est-il en bonne santé ou malade? S'il est en bonne santé aujourd'hui, je vais te demander de lui trouver une maladie. Imaginons une maladie que nous aurions toute la journée, pas n'importe laquelle, celle que nous avons peur d'avoir ou celle que je ne voudrais jamais avoir. Cette démarche nous permettra de comprendre les gens que nous visitons. Si nous avons de la difficulté à accepter cette maladie, nous aurons de la difficulté à approcher les personnes qui en sont atteintes. C'est important d'apprivoiser nos peurs. Peu importe la maladie, il y a des étapes que nous franchirons et qui ne sont pas toujours dans l'ordre énuméré aujourd'hui. Regardons ensemble ce que nous vivons dans notre corps.

Première étape: LE CHOC

La maladie! Ce n'est jamais pour moi mais pour les autres. «Je suis prête à accompagner n'importe qui mais ce n'est pas pour moi.» Quand j'apprends que j'ai une maladie, ça me choque, j'ai peur, je suis surprise. Je ne veux pas croire que c'est moi qui ai cette maladie.

Deuxième étape: LE REFUS

Je vais nier que c'est moi qui ai cette maladie. «Pourquoi moi?». Je n'y crois tellement pas que je vais m'isoler parce que je refuse cette réalité.

Troisième étape: LA COLÈRE

Je deviens enragé, irrité parce que ça change toute ma vie et mes projets. «Ce n'est pas juste!» Je suis en colère pour longtemps et ma colère, je vais la crier à tout le monde. Ce n'est pas tout le monde qui la comprend. Durant cette période de colère, j'ai besoin d'exprimer ma révolte, j'ai besoin de quelqu'un qui me comprenne et qui m'aide à cheminer.

Quatrième étape: LE MARCHANDAGE

Devant l'inévitable, je vais essayer de marchander avec Dieu. «Donne-moi une autre année et je vais en faire des choses pour Toi!» «Donne-moi du temps!» Je vais négocier avec Dieu, le destin, avec le temps aussi. Je vais épuiser tous les moyens et je vais être forcé de regarder la vérité en face. La vérité, c'est quoi? C'est de renvoyer à plus tard ce que j'ai, ce qui m'arrivera. La vérité, c'est lorsque je me regarde dans le miroir. Ce que je «vois» dans ce miroir est souvent brutal. Même si je repousse la maladie, mon corps me parlera toujours.

Cinquième étape: LA DÉPRESSION

C'est facile à dire que j'accepte ma maladie; mais comment je la vis? Quand ça commence à faire trop mal, je déprime. Je suis devant ce que je ne peux pas changer. J'ai besoin, à cette période, d'une présence constante et aimante.

Comment se vit cette dépression? Je penserai toujours à mourir, à vivre comme ça. Je penserai à ceux que j'aime, mais aussi à ma qualité de vie. Je serai assez déprimée pour dire: «C'est aussi bien d'en finir!» Je commencerai à me refermer sur moi-même. C'est aussi une période très douloureuse. C'est une période pendant laquelle je réfléchirai et commencerai à calculer. Je planifierai tout ce qui me reste à faire. Je me sentirai inutile. Je vais me regarder, regarder mon corps, c'est le meilleur baromètre, encore plus que toutes les théories des médecins et des autres. J'ai vraiment besoin d'une présence constante, j'ai besoin d'aimer et de me sentir aimé(e).

Ce quelqu'un, ce n'est pas dans ma famille mais en dehors que je le trouverai. C'est ce quelqu'un qui me fera voir comment il faut que j'avance avec ma maladie, qui ne s'apitoiera pas sur mon sort et qui m'emmènera à voir cette maladie telle qu'elle est.

Sixième étape: L'ACCEPTATION

Après cela, j'ai une chance de l'accepter un peu mieux. Il y a très peu de gens qui vivent cette phase dans son sens le plus profond.

La communication

Pourquoi moi? On ne trouvera jamais une réponse au «pourquoi», mais «comment» on apprend à vivre avec la maladie. Deux choix: me laisser mourir ou apprendre à bien vivre. C'est ma façon à moi, comme malade, de voir et d'envisager ma situation. C'est cela qui va influencer mon entourage, ma famille, mes proches. Si je prends bien ça, j'aurai beaucoup de visiteurs, de la sympathie. Si je le prends mal, j'ai des chances d'avoir de la pitié. Ce qui est important, avant tout, c'est comment moi, je me sens là-dedans. C'est ce qui est important. En passant, mes proches, ma famille doivent passer eux aussi par ces étapes mais ils les vivent différemment. Il faut avoir une communication franche. Si je dis à ceux qui sont proches, «oui, c'est vrai, je souffre mais je prends des moyens pour atténuer la souffrance.» La communication avec une tierce personne me permettra d'exprimer mes sentiments et celle avec ma famille nous permettra de vivre ensemble cette étape souvent difficile. J'ai toujours espoir jusqu'à preuve du contraire. Il sera toujours temps de penser au pire. Ce que je vis actuellement est très important. La meilleure journée de toute ma vie, c'est aujourd'hui. Comment je choisis de la vivre cette journée-là?

Attitudes

Quelles sont les attitudes que j'attends des autres?

J'espère que les autres auront du **respect** pour moi. Ce respect veut dire de me laisser me débrouiller par moi-même. Ce respect, c'est de m'encourager à me prendre en main. J'espère que les gens auront assez de respect pour me laisser faire ce que je peux.

Ensuite j'espère qu'ils auront de l'**empathie.** L'empathie c'est la capacité de se mettre dans la peau de l'autre. Pour un chrétien, c'est de reconnaître qu'il est unique et que si je me mets dans sa peau, j'apprendrai à comprendre les autres.

Ce qui est important aussi, c'est de nous connaître nous-mêmes autant comme malades que comme personnes visitant les malades. **Connaître nos limites et nos capacités.** Faire prendre conscience aux malades qu'ils ont à connaître leurs propres limites.

Il faut, de plus, du **courage** et un **contrôle de soi** en tout temps. Ne jamais se sentir coupable si le malade ne le vit pas idéalement. Il faut aussi que j'aie le courage d'utiliser mes talents même si je dois vivre des choses difficiles.

Il existe une dernière attitude très importante: **l'écoute.** C'est la plus grande qualité. L'écoute, c'est de se mettre à la disposition de l'autre, se mettre sur la même longueur d'ondes, c'est accueillir l'autre comme un être unique mais aussi un être favorisé par Dieu. L'écoute, c'est plus difficile que la parole parce qu'il faut se synchroniser avec l'autre. L'écoute, c'est souvent plus épuisant que divertissant. L'écoute, c'est retenir ce qui est dit pour mieux comprendre.

Si je vis tout cela, c'est parce que j'aime. L'**amour** est indispensable. J'aime l'autre pour ce qu'il est et avec ce qu'il a, mais on ne peut pas aimer l'autre si on ne s'aime pas soi-même. Il faut que j'apprenne à m'aimer pour ce que je suis, avec mes capacités, mes limites, mes talents.

Je te laisse en disant: «Prends le risque d'aimer; il est sûr que tu n'aimeras jamais assez.» Es-tu plus sécurisé, as-tu envie d'être aidant? Tu as un vécu, du potentiel, ferme les yeux quinze minutes et vois comment tu te sentirais, si tu étais aidant, le reste, c'est à tes risques et chances.

Comment prendre soin de soi

Petit questionnaire:
- Suis-je satisfait(e) de ma vie jusqu'à présent? (à évaluer selon mes valeurs et non en fonction des autres);
- Comment est-ce que je me perçois face aux autres?
- Comment les autres me perçoivent-ils?
- Quelle est ma principale raison d'être dans la vie?
- Est-ce que j'ai des objectifs à court terme? à moyen terme? à long terme?

- Comment est-ce que je prends soin de moi? des autres?
- Y a-t-il un écart flagrant entre le temps que je consacre à moi-même et aux autres? Si oui, comment faire pour rééquilibrer le tout?

Visez à mettre plus de bonheur, de piquant dans votre vie.

Pour quelques instants, on va s'arrêter, faire une prise de conscience sur notre vie, notre vécu.

Comment réagiriez-vous si on vous annonçait *qu'il vous restait trois mois à vivre?* Ce serait un choc. Tout votre vécu passerait dans votre tête dans l'espace de quelques minutes. Et pourtant, tous les jours la nouvelle est annoncée à quelqu'un.

Posons-nous la question. Quel flash vous vient en tête? Qu'est-ce que vous voudriez faire en premier?

Nous avons tous le pouvoir de décider de notre choix de vie, pourquoi attendre qu'un tel événement se produise?

Pourquoi ne pas décider dès à présent de

- prendre soin de soi?
- exprimer notre opinion?
- manifester nos goûts, nos déceptions, nos aspirations?
- nous arrêter pour nous respecter dans nos limites?
- faire des choses qu'on aime?

- s'arrêter pour se regarder faire, se regarder aller?
- prendre du temps pour soi?

Ne pas se laisser aller au gré des vents du
- travail
- pas de temps, pas d'argent, pas capable
- pas possible, etc.

Mais:
- J'aurais le goût de...
- J'aimerais faire...
- Je pourrais aller...
- Je serais capable...
- Je voudrais faire...
- À partir d'aujourd'hui...

C'est bien beau de parler ainsi mais... ça ne se passe pas aussi facilement que vous le dites.

Exemples:
«J'ai été des années à m'oublier, je passais en dernier, c'était pas grave, j'ai toujours été comme ça, j'ai perdu l'habitude de dire ce que je pensais ou je n'avais besoin de rien.»

Bon, mais alors?

Faire des choix ne rend pas égoïste, vous ne serez pas mal jugé, vous serez vous-même avec vos besoins.

Est-ce que ça vous est déjà arrivé d'aider tout le monde, même si vous étiez mal pris vous-même? Et à partir du moment où vous avez une situation vraiment difficile... (Décès d'un proche, maladie importante, perte d'un emploi, retraite anticipée), vous avez besoin d'en parler et personne n'est disponible! Personne n'a offert son aide!

Pourquoi? Vous n'avez pas assez demandé, vous avez été fort en disant que tout allait bien.

Et à l'intérieur de vous, vous vous sentiez comment?

Quand vous avez aidé quelqu'un, ça vous faisait plaisir d'agir ainsi: il en est de même pour vous. Laissez la chance à un autre de se sentir utile.

Règles à observer pour prendre soin de soi:

1- *Se respecter:*
- Apprendre à se limiter (Je prends quinze minutes le matin pour déjeuner);
- Réfléchir sur une pensée positive;
- Lire le journal;
- M'occuper des plantes si j'aime ça;
- Si j'ai des jeunes enfants, dire (quinze minutes): «Ne pas déranger maman — qui est dans le salon, ou au lit», un journal à la main;
- S'arrêter après le dîner pour faire une sieste si c'est possible.

2- *Se gâter:*
- S'acheter des plantes;
- Un bouquet une fois par semaine (fleurs coupées);
- Se payer un repas au restaurant;

- Un taxi (rencontre avec quelqu'un qu'on aime voir).

On a toujours quelques dollars pour acheter un cadeau lors d'une fête, mais nous, quand nous payons-nous le luxe de nous gâter, à part pour le nécessaire?

3- *Réfléchir:*
- On ne donne que ce que l'on a;
- Je ne donne pas ce qui me manque;
- Si je ne me respecte pas, comment les autres peuvent-ils me respecter dans mes besoins, mes désirs, mes opinions?

4- *S'aimer*:
- En prenant soin de soi;
- Prendre une journée pour soi sans raison apparente;
- Prendre un après-midi de congé;
- Aller magasiner autrement que pour le nécessaire, juste pour le plaisir;
- Prendre un dessert à son goût;
- Se faire coiffer autrement que pour une activité (événement) très spécifique;
- Se promener dans la nature;
- Se gâter parce qu'on le mérite, parce qu'on en vaut la peine.

5- *Poser des gestes qui ne coûtent rien:*
- Voir nos petits-enfants;
- Faire un appel téléphonique.

Certes, ça peut être difficile au début mais avec le temps, si on y pense bien, c'est possible.

Déjà si j'en prends conscience, je fais un pas vers une plus grande autonomie. C'est à travers l'amour des autres que je me découvre.

Ne laissez pas la maladie vous montrer la voie de l'inconnu. Agissez maintenant. Prenez soin de vous à peu de frais.

À un moment intense, tu vis des émotions sans pouvoir les partager si tu es seul

Alors Almitra parla, disant: «Nous voudrions maintenant vous questionner sur la Mort.»

Et il dit:

«Vous voudriez connaître le secret de la mort. Mais comment le trouverez-vous sinon en le cherchant dans le coeur de la vie?

La chouette dont les yeux faits pour la nuit sont aveugles au jour ne peut dévoiler le mystère de la lumière.

Si vous voulez vraiment contempler l'esprit de la mort, ouvrez amplement votre coeur au corps de la vie.

Car la vie et la mort sont un, de même que le fleuve et l'océan sont un.

Dans la profondeur de vos espoirs et de vos désirs repose votre silencieuse connaissance de l'au-delà;

Et tels des grains rêvant sous la neige, votre coeur rêve au printemps.

Fiez-vous aux rêves, car en eux est cachée la porte de l'éternité.

Votre peur de la mort n'est que le frisson du berger lorsqu'il se tient devant le roi dont la main va se poser sur lui pour l'honorer.

Le berger ne se réjouit-il pas, sous son tremblement, de ce qu'il portera l'insigne du roi?

Pourtant n'est-il pas plus conscient de son tremblement?

Car qu'est-ce que mourir sinon se tenir nu dans le vent et se fondre dans le soleil?

Et qu'est-ce que cesser de respirer, sinon libérer le souffle de ses marées inquiètes, pour qu'il puisse s'élever et se dilater et rechercher Dieu sans entraves?

C'est seulement lorsque vous boirez à la rivière du silence que vous chanterez vraiment.

Et quand vous aurez atteint le sommet de la montagne, vous commencerez enfin à monter.
Et lorsque la terre réclamera vos membres, alors vous danserez vraiment.»

Khalil Gibran
Le prophète

Comment exercer une relation d'aide sans se brûler

— J'aime mon travail auprès des malades mais je risque d'y laisser ma peau.

— Je ne comprends pas ce qui m'arrive, mon travail me déprime.

— Aussitôt que je mets les pieds au travail, je me sens mal.

— Je ne peux plus supporter la misère et la souffrance des autres.

— Je veux changer de milieu, mon travail me vide.

Aussi étrange que cela puisse paraître, ces commentaires viennent de gens qui, généralement, aiment leur travail et se sentent valorisés par ce qu'ils font; toutefois ils ont atteint un niveau d'épuisement qu'ils ne peuvent tolérer davantage sans mettre en danger leur santé physique et mentale.

Les personnes qui exercent un travail impliquant une relation d'aide s'exposent, si elles ne prennent pas certaines précautions, à être *bouffées* par leur travail. Le but de ce texte est de mettre en relief la dynamique de la relation d'aide et de présenter certains moyens pour réduire au minimum la perte d'énergie dont sont parfois victimes ceux et celles qui aident les autres.

La connaissance de soi

Ce n'est pas tout à fait par hasard que l'on choisit un métier, une occupation, un milieu de travail. Le travail répond bien sûr à des nécessités économiques mais également à des besoins psychologiques: besoins de se réaliser, d'être utile, de rendre service, de prendre soin des autres et parfois, inconsciemment ou non, d'être aimé, apprécié.

L'élément clé dans toute démarche ayant pour but de conserver son énergie est la connaissance de soi. La connaissance de soi est une expression statique qui cache une réalité dynamique; elle est un objectif de vie et elle se concrétise par une démarche qui mène à une autonomie de plus en plus grande, à la reconnaissance, par moi, de ma propre valeur, à l'amour de moi, par moi, et à la conscience de ma séparation, de ma différenciation du monde qui m'entoure. Elle suppose une capacité de m'observer, de me voir aller, d'entrer en contact avec mon centre.

Il faut que je sois conscient de ce qui m'arrive, de ce que je vis dans une relation d'aide. Par exemple, un patient me met en contact avec mon impuissance à régler son problème; je peux me sentir agressif face à un malade qui n'est pas capable de s'en sortir, parce qu'il me fait penser à une personne que j'aime qui est dans une situation similaire et refuse de réagir. En somme, chaque individu vit ses propres limites et frustrations à travers les personnes qui l'entourent.

Une jeune femme, nommons-la Francine, a passé ses vacances de Noël à réconforter sa meilleure amie qui venait de voir mourir son jeune bébé. Francine a vécu beaucoup de peine durant cette période. Il m'est apparu évident, à l'écouter parler, qu'elle avait vécu au moins deux sortes de peines: la sienne et celle de son amie. Francine vit une période difficile depuis plusieurs mois et elle est souvent au bord des larmes. Un rien lui fait de la peine. Elle est dans une situation où elle aurait besoin d'être consolée plutôt que d'être consolatrice.

Si je n'ai pas appris à décoder ma propre tristesse et à l'accepter, je risque d'avoir des réactions non appropriées face à celle de l'autre: me sentir mal à l'aise, être touché au plus profond de moi, emporté, éclaboussé, envahi. Dans un sens, on pourrait dire que lorsque quelqu'un me fait partager sa peine, c'est littéralement ce qui se produit: si je ne suis pas vigilant, j'en prends une partie à mon compte.

La relation symbiotique

Pour illustrer le transfert d'énergie qui se produit dans la relation d'aide, j'utilise le modèle de la symbiose entre la mère et son enfant.

Même si la symbiose se définit comme une relation réciproquement profitable entre deux organismes vivants, dans la relation mère-enfant les besoins immédiats de l'enfant ont priorité sur ceux de la mère. Et ce, du point de vue de la mère qui pourra oublier ses propres besoins au profit de ceux de l'enfant. Cette prise en charge des besoins de l'enfant: le laver, le nourrir, l'habiller, le consoler, le dorloter, exige de l'énergie de la mère. On dira que dans cette relation, il y a un transfert d'énergie qui se fait surtout de la mère vers l'enfant. Donc, la mère donne de l'énergie et l'enfant reçoit cette énergie. À la fin de la journée, la mère est fatiguée alors que l'enfant est satisfait: on a répondu à ses besoins.

Une personne qui entre à l'hôpital et qui souffre d'un malaise grave se définit un peu comme un enfant qui a besoin qu'on prenne soin de lui. Elle est vulnérable, inquiète. Elle veut qu'on la prenne en charge. Elle est disposée à s'abandonner à ceux ou celles qui lui prodigueront les soins appropriés. Elle est dans une relation de dépendance vis-à-vis du personnel.

Les préposés aux soins: médecins, infirmières, psychologues et spécialistes de toutes sortes, donnent de leur temps, de leur énergie à cette personne.

Au travail, toute personne dépense de l'énergie. Lorsque je suis en rapport avec d'autres individus que j'aide, écoute, encourage, conseille, dirige, stimule, motive, etc., il y a un transfert d'énergie qui s'opère. Il est donc normal de ressentir une certaine lassitude à la fin de ma période de travail.

Surplus ou déficit

Revenons à la mère. Pour être en mesure de donner de l'attention à son enfant, la mère doit avoir un **surplus** d'énergie, sinon elle donnera ce qu'elle n'a pas et son réservoir d'énergie sera en **déficit**. Il s'agit là d'un phénomène vécu par beaucoup de nos mères qui se sont dépensées sans compter pour leur famille.

Il ne leur restait plus de temps pour s'occuper de leurs propres besoins. «Il y a plus de plaisir à donner qu'à recevoir», disait-on. (C'est sans doute un boxeur qui a dit ça!) La même réalité existe au travail. Il est important de se sentir en forme en arrivant au bureau le matin. La personne qui commence sa journée à reculons est sans doute en déficit d'énergie. La dépense d'énergie qu'elle fera risque de se faire à ses dépens.

Coupure et récupération

Pour que la relation entre la mère et l'enfant demeure saine, il est nécessaire que la mère coupe temporairement et occasionnellement sa relation avec l'enfant. Cette coupure permet à l'enfant de se retrouver seul avec lui-même, de s'amuser, d'explorer et d'expérimenter progressivement le monde qui l'entoure. La séparation de la mère, prise au sens physique et psychologique, permet à l'enfant de digérer ce qu'il a reçu d'elle, d'intégrer son expérience. C'est le début du développement de l'autonomie, de l'indépendance: s'arranger tout seul, se passer de l'autre, aller voir ailleurs. L'enfant apprend à se séparer et à se différencier de la mère. De son côté, la mère profite de ce temps libre pour prendre soin d'elle, se dorloter, se soigner, se reposer, en un mot, récupérer son énergie.

Cette coupure, si elle est bien comprise par la mère, lui permet de se détacher de son enfant tout en continuant à l'aimer. Le mot *détacher* ici est en opposition à *posséder*. Possession que l'on retrouve chez la mère dont l'enfant est la seule raison d'exister.

Quand il n'y a pas cette interruption dans la relation, la symbiose entre la mère et l'enfant devient malsaine, et pour la mère et pour l'enfant. L'enfant en vient à ne plus pouvoir se passer de la mère qui, petit à petit, s'épuise de l'attention qu'elle doit constamment lui porter. Elle en vient même à se sentir coupable de s'occuper d'elle-même, comme si elle le faisait au détriment de son enfant. La mère a le sentiment, à la longue, d'être littéralement vidée de sa substance vitale, de son énergie.

Pour la personne qui prend soin des autres, la coupure physique s'opère durant les temps d'arrêt prévus dans la journée, mais surtout après le travail, à son retour chez elle. Mais il faut plus qu'une distance géographique du lieu de travail pour que la coupure soit bénéfique. Il faut également une séparation, une distanciation psychologique. La personne doit s'accorder une période de réflexion, de calme pour se détacher progressivement des tensions ou du stress qu'elle a vécus au travail. Cela n'est pas forcément chose facile. Cela suppose la capacité de faire un retour sur soi — se centrer. Une période de décompression est d'autant plus nécessaire pour la personne qui se retrouve au foyer dans son rôle de mère ou de père avec des bobos à soigner, des peines à écouter, des disputes à régler, des repas à préparer, etc.

Au travail, il est facile pour certaines personnes d'établir des liens affectifs ou d'amitié avec les malades. Il faut donc que je sois attentif à ma dynamique avec eux. Quand je *materne* un patient, il y a risque d'attachement. Lorsque les problèmes du bureau me préoccupent lorsque je suis de retour à la maison, c'est qu'ils m'habitent encore, ils ont déteint sur moi, je n'en suis pas encore détaché.

Comment ménager mon énergie

Être à l'écoute de mon corps

Pour beaucoup, l'énergie devient une préoccupation durant la trentaine, lorsque l'être humain commence à se rendre compte que sa résistance a des limites. Il y a quelques années, je me suis réveillé à quatre heures du matin avec des brûlures d'estomac terribles. La veille, avant de me coucher, j'avais mangé trois sandwiches au beurre d'arachides avec deux généreux verres de lait au chocolat. Mon corps venait de me signifier que j'avais dépassé mon seuil de tolérance. Après le beurre d'arachides, ce furent les boissons alcoolisées, ensuite le vin. Bientôt, j'en serai à l'eau minérale, puisque le café me donne parfois des palpitations.

Souvent, on a besoin d'être victime d'une maladie grave pour prendre conscience qu'on a trop longtemps ignoré les signaux de détresse de son corps. Pour encourager l'un de ses patients qui relevait d'une crise cardiaque, le médecin lui a dit: «Ne vous inquiétez pas, d'ici quelques mois, vous serez redevenu comme avant.» «Surtout pas, répondit le malade, je ne veux surtout pas redevenir comme avant, c'est ce qui m'a rendu malade.» Les maux de tête à répétition, les rhumes qui n'en finissent plus et certaines maladies graves dites virales sont parfois les indicateurs d'un trop grand stress dans la vie personnelle, au travail ou ailleurs.

Il est nécessaire d'être en mesure de faire le lien entre son vécu et ses sentiments, entre son vécu et son bien-être ou son *mal-être;* être attentif à soi, à l'écoute de son corps. Il faut être dur pour son corps, disait-on. Comme c'est lui et lui seul que tu as pour faire le voyage, autant en prendre soin.

Apprendre à prendre soin de soi

Les gens de ma génération ont été conditionnés à prendre soin des autres. «**Aime ton prochain,**» disait-on, en prenant bien soin d'escamoter le «comme toi-même» car faire des choses pour soi est égoïste; se trouver bon, intelligent, de l'orgueil. D'après moi, Jésus a été mal traduit. Il a dû dire: «Connais-toi toi-même et apprends à t'aimer beaucoup, ensuite tu verras qu'il sera plus facile d'aimer ton prochain.» Qui ne prend pas soin de ses besoins ne s'aime pas. Aimer les autres, se dépenser pour les autres est un don. Si tu ne t'aimes pas, tu tenteras de donner ce que tu n'as pas. Concrètement, cela signifie que le sacrifice que tu fais alors de toi n'est pas un don mais un prêt: tu t'attendras à être payé en retour. En attendant ce retour qui ne vient pas, le coût du déficit d'énergie est, à la longue, le *mal-être* physique ou mental.

Dans le livre *L'arc-en-soi,* de Denis Pelletier (Coll. Réponses, Éd. Robert Laffont. 1981), il y a un chapitre intitulé: «L'expérience d'être sa propre mère et son propre père.» À la page 81, il écrit: «L'expérience d'être sa propre mère et son propre père (...) correspond à l'affection qu'une personne est en mesure de ressentir pour elle-même quand elle sait être pour elle la mère idéale et le père idéal dont elle a besoin. Chacun sait ce qui est bon pour lui.»

Je prends conscience de mes sentiments, de ma fatigue, de mon niveau d'énergie. Je laisse émerger mon besoin. Je décomprime, je prends soin de moi. Concrètement: je fais une sieste, du jogging, du yoga ou d'autres exercices de relaxation, je prends un bain prolongé. Je me repose, je me dorlote. Je me gâte (traitement que l'on réserve plus facilement aux autres). En résumé, je m'occupe de moi.

Apprendre à faire prendre soin de soi

Une autre façon de récupérer de l'énergie, c'est de recourir occasionnellement à des personnes qui peuvent m'aider, me supporter, m'écouter, m'encourager et, pourquoi pas, prendre soin de moi momentanément.

C'est o.k. d'avoir besoin des autres. Certains d'entre nous ont appris très jeunes à se passer des autres: surtout ne pas les déranger avec nos problèmes; ça ne vaut pas la peine. Je suis capable de m'organiser tout seul. Nous avons appris à devenir *grands* très jeunes. Évidemment nous trouverions normal qu'un ami qui est dans le besoin demande notre aide. Nous serions même offusqué s'il s'abstenait de le faire en invoquant les mêmes raisons que nous!

Quand je laisse quelqu'un prendre soin de moi, c'est comme si je me branchais à sa réserve d'énergie, ça me nourrit. Le milieu du travail peut me fournir une personne sur laquelle je pourrai compter en cas de besoin. En fait, un milieu de travail chaleureux serait celui qui permettrait de développer des relations interpersonnelles qui se supportent les unes les autres.

La femme doit être particulièrement attentive à satisfaire ce besoin. Les femmes nourrissent les autres, mais elles, qui les nourrit?

Éviter les personnes et les situations toxiques

Il y a des gens qui nous stimulent positivement: leur présence est dynamique, réconfortante, rassurante. Il y en a d'autres dont le contact est toxique pour soi: on ne se sent pas bien après avoir été en contact avec eux. Ce sont les négatifs, ceux qui critiquent tout le temps, qui ne sont jamais satisfaits, qui persécutent ou qui se sentent persécutés. On en retrouve dans les familles, la parenté, le voisinage et au travail. Rencontrer ces gens, c'est comme entrer en contact avec une *moufette:* tu pues encore trois jours après la rencontre! Plus la personne est près de toi, plus tu risques d'en être affecté et plus il est difficile de prendre tes distances vis-à-vis d'elle.

Les situations toxiques dépendent parfois des personnes présentes. Par exemple, lorsqu'on est seul avec son père ou seul avec sa mère, tout va bien mais, quand on les rencontre les deux simultanément, il y a de l'électricité dans l'air, le climat est malsain.

La nature même du travail peut être néfaste pour certaines personnes. Au début de ma carrière, le fait de participer à la négociation de conventions collectives me rendait littéralement malade. Pour moi alors, la normalité était de continuer à faire ce que je croyais partie normale de mon travail. Jusqu'au jour où, quatre ans plus tard, j'ai réorienté ma carrière et je n'ai plus jamais été impliqué directement dans un conflit de travail.

Tout fermier le sait: à force de brasser du fumier, tu finis par sentir. Par contre, un de mes amis, négociateur patronal, se sentait revivre, il débordait d'énergie, dès le début des négociations! Ce qui prouve que ce qui est toxique pour l'un ne l'est pas obligatoirement pour l'autre.

Certains postes de responsabilités imposent à leurs titulaires un niveau de stress difficile à supporter sans danger, à la longue. Il n'y a pas si longtemps, la moyenne de vie organisationnelle d'un directeur général de CEGEP était inférieure à vingt-quatre mois. J'en ai rencontré un qui participait à l'une de mes sessions de formation. C'était un homme dynamique fort attachant, mais suicidaire au moment où il s'est confié à moi. Il vivait des conflits perpétuels dans son collège et il remettait sa propre valeur en question à cause de son incapacité à les régler. Il n'était pas conscient du caractère toxique de son milieu. Au lieu de mettre fin à ses jours ou de se rendre malade à cause de cette expérience débilitante pour lui, il s'en est sorti en se trouvant un travail plus valorisant, ailleurs.

Parfois, mon travail m'empoisonne l'existence parce que j'en fais trop. Dans la vie, il est important de faire ce que l'on aime, mais pas trop. Par professionnalisme, j'accepte d'augmenter le poids de ma charge de travail au-delà du raisonnable. Si en plus je me pense indispensable, je suis candidat au *burn-out* périodique. Dans un tel cas, la solution, qui consisterait à ralentir, est plus facile à identifier qu'à appliquer. Je dis qu'elle est plus difficile à appliquer parce que la personne frappée d'*indispensabilité aiguë* possède certaines caractéristiques qui l'affectent non seulement au travail mais également hors travail. Pour elle, la fébrilité qui la caractérise fait partie de sa nature. Elle est sur l'*automatique* depuis tellement longtemps qu'elle a oublié qu'un jour elle roulait à quatre-vingts kilomètres à l'heure plutôt qu'à cent trente.

D'où l'importance de savoir arrêter, de se ménager des temps de solitude, de réflexion. Du temps pour soi. Réduire sa vitesse.

Parler ou la magie du verbe

Parler de ses sentiments est une façon de s'en libérer. L'énergie que les sentiments négatifs génèrent en nous peut être nocive si nous ne trouvons pas de moyens constructifs de les liquider, de les exorciser. **Tu ne peux pas détruire l'énergie, mais l'énergie peut te détruire.** Les maux de dos apparaissent fréquemment chez les personnes qui *en ont plein le dos*. Les gens constipés sont souvent des personnes qui *se retiennent*. Les individus qui *se forcent trop* sont parfois victimes d'hémorroïdes. Mettre des mots sur ce que je vis me permet de faire des liens, de voir des relations de causes à effets. L'expression est une clé qui libère les tensions intérieures. Parler est thérapeutique, que ce soit avec un ami, une femme, un mari ou un psychothérapeute.

Efficacité personnelle

Tout ce qui précède a pour objectif d'en arriver à une plus grande efficacité personnelle en termes d'énergie. Un point important à observer est la différence entre dépense normale et gaspillage d'énergie. Il y a gaspillage lorsque l'effort fourni pour produire un résultat me laisse exténué. Souvent, nos efforts dépassent la limite du raisonnable. Un sage chinois a dit que bien des gens traversaient la vie comme quelqu'un qui voyage en train et qui tient sa valise sur ses genoux. Il arriverait à destination même s'il déposait sa valise sur le plancher du wagon.

C'est la prise de conscience de mes propres tensions qui va me permettre d'en arriver à déposer mon fardeau, à me voir aller, à identifier et à remettre en question mes motivations profondes, à décrocher des situations qui me drainent, à ralentir ma vitesse.

Les causes d'épuisement sont multiples, extérieures à soi et intérieures. Ce sont ces dernières qui sont les plus difficiles à résoudre. Malheureusement, il n'y a pas de recettes magiques, très peu de raccourcis possibles. De plus, toute démarche de changement, car c'est de cela qu'il s'agit, demande de l'énergie! Changer ou ne pas changer, tel est le choix. On est souvent son pire ennemi.

Pourquoi ne pourrait-on devenir son meilleur ami?

Que vit la personne mastectomisée

De 200 personnes rencontrées, toutes ont à peu près tenu le même langage. Voici le témoignage de quelques-unes.

D'abord, quand je me suis aperçu d'une boule dans mon sein, ça été le choc, j'avais un cancer! Puis je me suis dit: «Il n'y a rien là, ça va partir comme c'est venu.» Je ne voulais plus y penser, alors je ne m'examinais pas trop.

Pour certaines, l'attente est devenue le mode de survie échelonné sur plusieurs années, jusqu'au moment où le processus de la maladie s'intensifie. Là, tout est mis de l'avant. La personne va chez le médecin, c'est les examens, puis l'attente des résultats, l'entrée à l'hôpital qui effraie tout le monde et voilà, le jour fatidique, l'opération.

Certes, le médecin rencontre la malade, lui explique le déroulement de l'opération mais voilà, on n'entend pas, on ne veut rien entendre.

La nuit est longue, toute notre vie défile dans notre tête et au petit jour, voilà l'infirmière, l'injection, l'opération, le réveil. On se retrouve dans son lit, bandée de partout (c'est-à-dire avec d'immenses pansements tout le long du corps). On est pris comme dans un pain, me disent-elles. Et là, c'est la vie qui reprend son cours. *Durant la période d'hospitalisation, on prend bien soin de nous: nourriture, visite de nos proches. L'infirmière nous administre des calmants et s'occupe de nous. On nous dit de faire des exercices avec une balle, pour notre bras et les nerfs de nos mains. On change nos pansements, mais on ne parle pas de ce qu'il nous arrive. Puis, notre congé est signé, on retourne aux sources, à la maison.*

— J'ai subi l'ablation totale d'un sein, à 42 ans, il y a un an, en 1987. Je m'en souviens comme si c'était hier, c'était terrible.
— Peux-tu m'en parler?
— Oui, car je veux expliquer à ceux qui m'entourent ce que nous ressentons.

On vous dit journellement que cette opération, l'ablation totale du sein, ça ne se fait plus car ça cause trop de problèmes psychologiques et physiologiques. Et bien, il y a un an encore, des milliers de femmes ont passé, comme moi, sur la table d'opération, pour enlever leur cancer, comme on dit, et prévenir les rechutes.

Même si les statistiques prouvent qu'à la suite de l'ablation de la tumeur, on reçoit de la chimio ou de la radiothérapie et qu'on s'en sort bien, beaucoup de spécialistes pensent encore qu'il faut tout enlever — le sein, les ganglions — pour une réussite totale. Chers docteurs, si jamais vous lisez ces lignes, pensez à nous, les femmes, qui devons nous en sortir. Votre réussite est médicale, pour notre vie, c'est bien différent. On existe beaucoup plus qu'on ne vit.

Que vivent-elles? Comment réagissent-elles?

Et bien voilà. De retour à la maison, je ne voulais pas me regarder, mais il fallait bien que j'arrive à prendre soin de moi. Petit à petit, j'ai pris mon courage à deux mains, j'ai posé les yeux sur mon miroir et regardé cette réalité. Cette opération me laisse des cicatrices qui sont présentes à jamais. Elles me hantent au plus profond de moi-même. Je ne suis plus qu'une moitié de femme. J'ai mal physiquement et psychologiquement. J'ai le goût de me laisser aller, d'en finir avec la vie, de mourir car une moitié de ma vie a cessé de vivre. Mais en ai-je le droit? J'ai un mari, des enfants, ils ont encore besoin de moi. Je dois les aider; eux aussi vivent du stress, de la peine, du ressentiment.

Ma grande fille de seize ans est songeuse. Elle a peur d'être comme moi, d'avoir un cancer. Je dois l'informer: «Non, ça ne t'arrivera pas si tu es suivie régulièrement», mais je vois qu'elle est inquiète.

Quant à moi, avec mon bras, je ne peux plus tout faire comme avant. J'ai besoin d'aide et je déteste demander, déranger. Non, c'est injuste ce qui m'arrive. Je ne méritais pas ça.

Et mon mari, est-il encore mon mari — ou n'est-ce plus là non plus qu'une illusion?

Depuis mon opération, il est distant, parle peu, c'est vrai que moi aussi, j'ai changé, même mes habitudes ont changé. Quand je vais prendre mon bain, c'est seule et la porte est fermée à clé.

Durant les premiers mois, je portais toujours des vê-
tements amples, pour ne pas dire des jaquettes. Dès
qu'un vêtement touchait ma peau, j'avais mal. Aussi,
compte tenu que je ne m'habillais pas, je fermais les ri-
deaux et ne recevais personne. Je ne sortais pas, ce qui
fait qu'on ne me posait pas de question.

J'ai vécu ainsi jusqu'à ce qu'une dame d'un groupe
d'entraide de mastectomisées vienne me voir. Je ne
voulais pas la recevoir au début mais quand j'ai su
qu'elle avait subi la même opération, j'ai voulu savoir,
ou du moins, voir ce qu'elle était devenue. Je l'ai ac-
cueillie et, pour la première fois depuis longtemps, je
me suis sentie comprise.

Je parle peu, je l'écoute, elle aussi a eu besoin d'aide
pour s'en sortir, ça me rassure. Je croyais que j'étais la
seule à réagir ainsi, j'étais en train de devenir folle. Je
sais que je suis normale, même dépressive ou down. Je
ne suis pas morte. Une partie en moi, c'est vrai: un sein,
mais je suis vivante et pour cela je dois réagir. Elle re-
part, je me retrouve seule avec mes pensées.

Bon, j'essaie de m'en sortir avec un bras qui a de la
difficulté à suivre. Pour me laver les cheveux, j'ai besoin
d'aide. Je dois réapprendre, aller à l'hôpital, faire de la
physiothérapie, ne pas lever mes bras trop haut pour
placer la vaisselle, faire le ménage; j'y arrive avec l'aide
de ma fille pour l'aspirateur, mais le soir, quand mon
mari rentre, je suis tendue, un malaise s'est installé, la
complicité du silence et c'est lourd à porter.

Depuis mon opération, il n'a pas vu la cicatrice et ne
veut pas la voir. Il dit qu'il est content que tout se soit

bien passé pour moi, mais moi... je ne sais plus. Il n'ose pas me toucher de peur de me faire mal et moi qui ne me sens plus femme, je prends mes distances. Parfois, je lui dis des platitudes: «Tu peux aller ailleurs si tu veux, maintenant que...» mais là encore, j'ai le cœur gros, je me retiens pour ne pas pleurer. «Merde de vie», pourquoi moi!

Je ne pense pas ce que je dis et pourtant quelquefois, oui. J'ai mal moralement, physiquement, je hurlerais! J'ai mal!

Mais à quoi bon s'apitoyer sur son sort, le mal est fait. Le temps passe, la bénévole du groupe d'entraide vient me voir, on jase, ça me fait du bien. Elle m'encourage à exprimer mes émotions, à mon mari, surtout. C'est ce que je fais.

Certes, il est mal à l'aise, ne sait quoi me dire mais je me rends compte qu'il vit lui aussi des contrariétés. Il se sent perdu, pour la première fois depuis mon opération, on se retrouve en couple, on se rapproche. J'ai de la chance car nous avions une vie harmonieuse.

On m'a dit souvent, si vous avez une vie de couple heureuse, le temps va vous rapprocher à nouveau. Mais si vous étiez distants, sans vie familiale, alors il se peut que le couple se sépare.

La maladie n'est qu'une goutte d'eau dans le vase, celui de notre vie de couple. L'épreuve ne sépare pas un couple uni. J'ai donc tenté de me rapprocher de mon mari; avec beaucoup de patience et de tendresse, il m'a aidée à affronter cette épreuve. Je sais qu'il m'aime *pour ce que je suis, tout mon être, car mon amour pour lui n'est pas parti avec l'opération.*

C'est encore difficile de m'accepter, je prends mon bain seule, mais ne ferme plus la porte à clé.

Sur les conseils du groupe d'entraide, elle est allée avec son mari rencontrer un psychologue qui les a aidés à mieux exprimer leurs vues.

La sexualité elle aussi a repris sa place. Je porte des déshabillés ou des «tops» car je suis plus à l'aise avec moi-même. Mon mari l'a compris, il ne me demande pas de faire l'amour à la clarté, il respecte mes choix et moi je comprends ses besoins sexuels.

On a appris à se satisfaire mutuellement sans rendre l'autre coupable. Je sais que je peux m'en sortir et à mon tour, j'aiderai celles qui, comme moi, réapprennent à vivre.

Je vais à des rencontres de groupes pour mastectomisées une fois par mois, échanger notre vécu et ça fait du bien. Et à mon tour, peut-être pourrais-je aider. Merci à Mado qui m'a suivie pendant toute cette année et au groupe d'entraide.

Pour Jeanine, ça a été une épreuve mais elle s'en sort. Cependant la plupart ont des séquelles permanentes. Le mari les a laissées ou ont divorcé en disant: «Je n'ai plus de femme.» Ils ont une maîtresse car ils disent: «J'ai des besoins à combler, j'aime ma femme mais je ne suis pas fait de bois. J'ai des besoins sexuels.»

Tandis qu'à la télévision, on nous présente des annonces publicitaires de soutien-gorge où les femmes portent des décolletés en profondeur ou encore des lingeries fines pour femmes qui annoncent «Soyez femme et restez-le», avec des déshabillés transparents, «Laissez paraître votre féminité».

C'est difficile d'oublier ces 200 femmes que j'ai rencontrées et qui m'ont dit: «On n'oublie jamais et tout nous rappelle notre opération.» Certaines perdent leur emploi car elles ne peuvent faire le même travail qu'avant.

D'autres encore, perdent leur mari, leurs amis, leurs amants et leurs enfants. Certaines se laissent aller, meurent ou se suicident.

Donc, si l'opération est absolument nécessaire, consultez deux spécialistes. Comparez leurs avis. Demandez si, avec les traitements et l'ablation de la tumeur, vous pourrez garder votre sein.

Sinon, allez chercher de l'aide auprès de celles qui ont vécu, comme vous, ce genre d'opération. Contactez les associations de mastectomisées au Québec et prenez votre vie en main. Car, c'est à partir du moment où l'on sait qu'on va mourir qu'on se rend compte de notre vécu.

Conseils aux patientes mastectomisées

À faire:

- Il est très important de prendre grand soin du membre supérieur du côté opéré, étant donné la diminution de la circulation et la fragilité des tissus;

- Consulter le médecin si votre bras devient rouge, chaud et anormalement dur et enflé. Ne pas oublier que ceci peut même survenir plusieurs mois après la chirurgie;

- Si le bras reste pendant pour une longue période, le lever au-dessus de votre tête, fermer et ouvrir la main; ceci active la circulation et aide à diminuer l'enflure;

- La nuit, placer un oreiller sous le bras du côté opéré de façon à ce qu'il repose avec la main en élévation par rapport au corps;

- Pour protéger la peau, utiliser une crème à base de lanoline sur les mains et autour des ongles;

- Demander qu'on effectue la prise de tension, les injections, les prises de sang, les vaccinations, etc. sur l'autre bras;

- Porter un gant de caoutchouc non serré pour faire la vaisselle, le jardinage, etc.;

- Mettre un dé pour coudre;

- Examiner l'autre sein une fois par mois.

À éviter:

- Toute blessure, brûlure, coup de soleil, enge-
lure à la main et au bras du côté opéré;

- Tout emploi d'un coussin électrique ou autre
mode de chaleur au niveau du bras et de
l'épaule;

- De porter des objets lourds ou des sacs à main
de ce côté;

- De porter des vêtements avec des manches ser-
rées;

- De porter une montre-bracelet ou tout autre bi-
jou trop serré de ce côté;

- De faire des exercices violents;

- De garder le bras pendant pour de longues périodes.

Service de physiothérapie

Exercices post-mastectomie

Instructions générales:

- Vérifier souvent votre posture devant un miroir en vous redressant et en envoyant les épaules vers l'arrière. Bien garder cette position lors des activités;

- Faire vos exercices tous les jours devant un miroir;

- Utiliser votre bras normalement, comme par le passé.

Exercices:

- Assise ou debout, bras allongés de chaque côté:
  - soulever les épaules et les redescendre lentement;
  - amener les épaules vers l'arrière, tenir six secondes et relâcher;

- Debout face au mur:
  - élever les bras le plus possible en faisant marcher les doigts sur le mur, puis redescendre lentement;
  - sur le côté, même exercice en gardant le coude bien allongé et en vous rapprochant graduellement du mur;

- Tenir une serviette derrière le dos; la main du côté non opéré tenant la serviette derrière la tête, faire le mouvement de s'essuyer le do;.

- Debout, placer les mains derrière le cou, les coudes en avant et rapprochés, pousser les coudes vers les côtés et l'arrière, revenir à la position de départ;

- Assise ou debout, bras allongés de chaque côté du corps, lever les bras vers l'arrière le plus loin possible, tout en gardant le corps bien droit, ramener lentement les bras à la position de départ;

- Assise ou debout, bras allongés de chaque côté du corps, lever les bras vers l'avant et continuer le mouvement jusqu'au-dessus de la tête, redescendre lentement les bras à la position de départ;

- Assise ou debout, bras allongés de chaque côté du corps, lever les bras de chaque côté et continuer le mouvement jusqu'au-dessus de la tête, revenir lentement à la position de départ;

- Debout, mains aux épaules, faire des cercles avec les coudes dans les deux sens.

Les exercices doivent être faits plusieurs fois par jour.

Bonne chance!

Possibilité d'obtenir de l'aide des groupes d'entraide

Qu'est-ce qu'on entend par là?

J'en ai fondé un, il y a sept ans. Je vais vous livrer mon expérience en toute amitié.

Si j'ai fait cela, c'est que je sentais qu'il y avait un besoin énorme à combler.

On entendait souvent parler de cancer, lors de décès d'amis, dans des annonces à la radio. Bref, cancer signifiait mort. J'avais deux amies que j'ai accompagnées, qui sont décédées sans lutter, sans préparer leurs proches à leur mort. Je travaillais et je me disais: «Et ceux qui restent, qui les aide? À qui parlent-t-ils, comment s'en sortent-ils?» Dans mon milieu de travail tout était structuré, le système hospitalier est ainsi.

J'étais à l'écoute du malade, mais je me posais toujours cette question: ceux qui s'en sortent, on n'en entend pas parler, ils sont seuls. J'ai donc présenté un projet pour connaître les besoins des personnes atteintes de cancer dans ma région. En l'espace de six mois, j'ai reçu 156 demandes d'aide. J'avais raison, il fallait faire quelque chose. Mon entêtement à aider était démesuré. J'ai donc demandé à ces malades de m'exprimer leurs besoins, car ils savent ce qui est bon pour eux. À partir de cela, j'ai mis sur pied des services d'écoute, de soutien moral, de transport, des auxiliaires familiales, des services de soins palliatifs, puis enfin de deuil. Mais cela a pris sept ans avant d'en arriver là, avec le soutien de mon mari et le réconfort des malades.

C'est à partir de malades atteints de cancer qu'on a travaillé en équipe. Notre objectif: mettre sur pied un organisme qui resterait en place pour aider tous ceux qui ont besoin d'aide, donc tout ce qui touche l'amélioration de la qualité de vie du malade.

Avec des documents et des vidéos, on a organisé des soirées d'information, une fois par mois, pour sensibiliser le public à cette maladie qu'est le cancer. On a essayé d'être un soutien moral pour les familles qui supportaient le malade en mettant sur pied des journées de relation d'aide. Lorsque le malade reçoit ses traitements, l'infirmière l'écoute puis le médecin et enfin son entourage. Mais la famille, elle, n'a pas le cancer, elle doit être courageuse. Mais «on ne donne que ce qu'on a».

«Donc aider la famille, c'est soutenir le malade.» Ceux qui reçoivent des traitements n'ont pas toujours le chauffeur à la porte, ni le budget nécessaire pour le transport, quand ce n'est pas l'accompagnement qui manque. Alors là, un bénévole ou un ami est un support précieux, mais où le trouver? C'est ainsi que j'ai organisé une banque de données pour répondre aux besoins. Je prenais contact avec les associations pour demander leur appui et de là un autre projet a été mis sur pied avec des employés, avec la contribution de l'aide gouvernementale.

Mais il suffit de répondre à un besoin pour en voir surgir plusieurs autres, tout aussi nécessaires.

Pour la personne qui vit une mastectomie ou une opération importante, le plus dur reste à faire, c'est-à-dire le retour à la maison. Qui peut l'aider, pour sa toilette personnelle? Il n'est pas facile de se laver la tête, le dos, sortir du bain quand tu n'as pas de force ou juste un bras? Et l'entretien ménager? la poussière ne prend pas congé, elle. C'est quand tu ne peux rien faire que tu vois cela avec encore plus de frustration, car tu es limité et personne n'aime être diminué. Encore là, avec l'aide de mon conjoint, on a présenté des projets, demandé des subventions, entrepris des moyens de pression pour que les autorités gouvernementales nous entendent.

On a réussi. On reçoit l'aide du CLSC, du CSS, des projets gouvernementaux sont mis sur pied et le malade reçoit les services d'auxiliaires familiales, malgré le budget limité, d'infirmières visiteuses pour les prises de sang, du centre d'action bénévole pour l'accompagnement, d'associations, dont fait partie M. Lepage, des pré-retraités. Puis on continue, les projets se multiplient mais il reste tant à faire.

On organise des voyages, des sorties durant l'été pour garder un bon moral, des vidéos, des cassettes s'accompagnant de textes sont distribués pour informer davantage. Tout cela grâce à des projets de création d'emploi, l'article 38, les ex-détenus, des subventions provenant de divers ministères: Affaires Sociales, Chasse et Pêche, l'Aide sociale, etc.

Mon mari est mis à pied. Durant un an, il devient un général à plein temps qui ne ménage pas son énergie. Il va porter les médicaments à ceux qui ne peuvent pas se déplacer, car j'ai réussi, pour ceux qui n'ont pas 65 ans et pas d'assurances, à obtenir des commandites des compagnies. Mon mari va aussi reconduire les malades à Montréal pour leur chimioradio ou un rendez-vous avec leur spécialiste.

J'avais besoin d'aide; des malades il y en avait beaucoup, des ressources, peu. Je disais que j'avais un bénévole hors-pair. Mon époux se sentait utile, car il ne se voyait pas à ne rien faire. C'est en regardant autour de soi qu'on voit la misère, mais le cancer fait son chemin, la mentalité change, mais pas rapidement. Alors je réfléchis et décide de sensibiliser les jeunes. C'est la base de l'évolution. J'ai plein d'idées en tête, trop, le souffle me manque souvent. Les jeunes aiment les dessins animés, alors la sensibilisation se fera ainsi. Je présente d'autres projets et celui d'un diaporama est accepté. Une équipe dont je fais partie, monte le diaporama. Il est magnifique, l'équipe travaille fort. Il est montré à 6 000 élèves du primaire dans toute la région et à des associations telles que: les Jeannettes, les Scouts, les Guides. À Ste-Justine, dans les Laurentides, à Joliette, etc., des dépliants sur la prévention sont distribués à chaque élève et, à l'école, le professeur consacre un cours à la révision de ce qu'ils ont retenu. On leur demande d'illustrer par un dessin ce qu'ils ont appris. On compile les résultats et... on prend conscience qu'il y a beaucoup à faire. L'objectif qu'on s'était fixé est atteint dans cette région, mais dans la province, dans le Canada qui continuera?

La personne atteinte de cancer est avant tout un être humain avec un cœur. On l'aime pour ce qu'elle est. Son cancer est une partie de son corps, mais son cœur reste intact. On l'aime pour ce qu'elle est, non pour ce qu'elle représente. C'est cela le message que je véhicule. J'aime ces personnes atteintes de cancer, je suis attachée profondément à elles et elles me le rendent bien.

Toute occasion est bonne pour le leur démontrer: Noël, la St-Valentin, Pâques, la fête des Mères et des soirées avec activités sont organisées. Je vais chez eux, je leur apporte un présent, juste pour leur démontrer mon amour: une fleur, des bonbons, des cartes de souhaits. La famille sait l'amitié qui me lie à eux et ils se sentent réconfortés, unis. Alors eux aussi viennent m'exprimer leurs voeux. Les téléphones, les visites à la maison se succèdent. J'ai de la chance, mon mari et ma fille s'impliquent aussi à fond. Durant les Fêtes, on se sépare pour rendre visite à l'hôpital à ceux pour qui la famille est partie ou inexistante.

On fait tartes et tourtières à la chaîne, pour en laisser à ceux qui ne peuvent pas se faire à manger ou qui n'ont pas de budget.

Mon mari fait la pâte à tarte, car il est excellent cuisinier; ma fille met les ingrédients et moi je mets la pâte du dessus et les décorations. Notre défi pour Noël a été de faire de 76 à 80 tartes.

Pourquoi agir ainsi? C'est vraiment avec ces malades que je me suis sentie acceptée telle que je suis et c'est bien, car j'en avais besoin. C'est un échange, car jamais je ne me serais permis de les juger. Pour moi, les cajoler, les aimer avec tout ce que ça implique, c'est ça les accepter, les reconnaître. Enfin depuis que je connais Richard, je reçois de l'amour à profusion, il comble mes besoins et pour moi, c'est vital de le partager, car si je garde tout ce trésor pour moi seule, je vais tout perdre.

Partager tout cet amour, c'est ma sécurité d'en avoir toujours. Ne dit-on pas que plus on donne, plus on a le goût de donner.

«Donc on ne donne que ce qu'on a.» J'ai beaucoup d'amour à partager pour tous ceux qui en ont besoin. Mais à travers cela les difficultés, elles, ne s'arrêtent pas. Plusieurs malades veulent aller dans un département de soins palliatifs à Montréal, mais il n'y a pas de place. Des démarches sont entreprises auprès des institutions gouvernementales, CRSSS, CSS, le ministère de la Santé, les administrateurs, les congrégations religieuses, les centres hospitaliers, mais ces services sont peu connus.

Un espoir nous sourit à St-Hyacinthe: une communauté de religieuses est prête à nous aider en nous cédant une maison. On la visite plusieurs fois, mon mari fait les plans pour qu'il y ait une chapelle, des chambres plus grandes, un endroit pour que la famille puisse se reposer. C'était au moment où la maison Michel Sarazin était en voie d'aménagement. On avait les plans de la ville pour cadastrer, l'accord de l'archevêché pour prendre du terrain afin d'allonger le bâtiment. Je voyais chaque nuit les malades entrer dans la maison qui serait à eux mais pendant ce temps, il fallait amasser des fonds pour l'achat. J'avais confiance. Je me disais: «Si c'est dans les vues du Seigneur et si c'est bon pour vous, on va y arriver.» J'avais rencontré à Hull la directrice de la congrégation. La maison-mère était en France, la directrice n'était jamais venue au Québec venait spécialement pour l'occasion. C'était formidable. J'avais déjà des bénévoles qui étaient prêts à venir passer une journée, un curé à la retraite resterait sur place pour la messe et les malades. Depuis six mois, chaque semaine, l'espoir me soutenait. La congrégation laïque en France était la première à avoir soigné et caché des malades atteints de cancer. Je me disais: «C'est une continuité cette maison, puisque nous avons les mêmes objectifs que la congrégation.» Une entente préalable avait été faite, les religieuses âgées resteraient sur place pour aider l'infirmière et soutenir les malades. J'avais prévu qu'on déménagerait, mon mari voyagerait pour son travail, ma fille continuerait ses études dans une autre école. Mais un jour, le rêve s'est brisé. Nous n'avions pas assez de fonds pour l'achat immédiat et la vente est conclue. La maison était à vendre car la congrégation avait besoin de liquidités. C'était une immense et vieille maison mais en bon état. Nous étions le seul acheteur jusque là mais un jour un industriel des États-Unis l'a achetée pour sa famille. Trois personnes y habitent durant l'été. C'est la vie.

Mon projet est tombé à l'eau, les religieuses étaient déçues et nous aussi. Mais ça devait être ainsi. J'avais dit «sincèrement» que je faisais confiance à la Providence et j'ai agi ainsi. J'ai accepté que ce projet ne se soit pas concrétisé. Merci mon mari de m'avoir soutenu, tu as été formidable.

Comme je ne pouvais organiser des soins palliatifs, j'ai écrit un livre, *La vie la mort une continuité,* afin qu'à travers mon expérience, d'autres continuent leur cheminement. Tous les revenus de la vente du livre étaient versés à l'organisme pour amasser des fonds. Je formais des bénévoles. J'allais à l'hôpital, je donnais des conférences partout. Je suis allée en Europe parler de notre organisme, dire comment j'étais réceptive au malade et à mon retour je revoyais ma famille, Richard, Bianka, mes malades et la vie continuait.

Il y a tant à faire partout. Mais le temps passe, des malades meurent et il m'est impossible de dire aux familles: «Je ne peux plus vous aider, vous n'avez pas un cancer.»

Un service pour le deuil est mis en place. Là encore deux projets gouvernementaux sont acceptés avec des employés formidables, pour une période d'un an. Il s'agit d'un nouveau service, de l'aide pour ceux qui vivent un deuil. C'est un besoin. Je fais un diaporama, des dépliants et brochures sont montés par l'équipe. Je me rends compte que ce n'est pas tout le monde qui a envie de consulter. Moi la première, je ne demande que lorsque j'ai tout essayé auparavant. Alors beaucoup peuvent avoir des besoins sans qu'on le sache. Cette idée me revient fréquemment. Alors un livre représentait la solution. J'en parle à ma collègue de travail qui est aussi une amie. Elle est d'accord pour m'aider. Moi, j'ai le vécu, l'émotion; elle, l'écriture, la structure, le savoir, ensemble ça peut être bien. Le projet se concrétise, le temps passe vite.

Je suis très exigeante pour moi-même et le suis aussi pour les autres. Elle fait un énorme travail (texte, correction), elle implique la famille. Pour moi c'est normal, pour elle c'est nouveau. On prend des photos, j'écris des histoires vécues. Le travail est terminé. On réussit, le livre paraît: *Renaître d'un deuil.*

Je sais qu'il va aider tous ceux qui vivent un deuil. *Merci Michelle. Tu as cheminé avec moi. Certes ça n'a pas toujours été facile pour toi, car je suis exigeante, je le sais, mais j'ai été fière de travailler avec toi. Tu es une fille formidable.*

La prochaine fois écris un livre seule car, peu importe avec qui tu l'écris, la plus connue n'en ressortira pas gagnante mais reconnue et c'est ça l'envers de la médaille — sans qu'on le veuille, crois-moi.

Donc, après avoir organisé ces services, je me sentais vidée, complètement démunie, comme si je n'avais plus de défi. Je suis le genre de fille pour mettre sur pied des projets (c'est mon «feeling»). J'ai envie depuis un an de me retirer. Je veux laisser la place aux autres pour assurer la continuité. Donc, ma fidèle compagne continue avec l'organisme et mon mari aussi.

La plupart des malades que j'ai connus sont décédés. Une partie de moi est en arrière. Je suis fière de ce que j'ai réalisé. J'ai donné, c'est vrai, le meilleur de moi-même avec tout ce que cela implique;

mais j'ai reçu en plus l'amour, la reconnaissance, la satisfaction d'avoir pu être un peu utile. J'ai laissé *ma trace* car je suis une personne impliquée, émotive et j'aime les gens. «J'aime et je suis aimée.»

Je le veux, mais c'est difficile de laisser *son bébé* sans avoir de remords. Je me suis donnée à fond pendant sept années, sans calculer mon temps, mon argent, ma santé et ma vie de famille. Mais je n'ai plus l'énergie d'organiser d'autres services dans la région. J'ai envie de partir, de travailler ailleurs, dans le même contexte, car c'est ce que je connais le mieux et que j'aime faire. Le malade avant tout.

Une offre m'est faite, organiser un projet: «le malade, sa famille». Je vois ceux qui commencent leur traitement et ceux qui vont arrêter, qui vont mourir. Je structure un plan pour englober le psycho-social et je le concrétise: Il s'agit d'un projet-pilote comprenant une personne dans les services connexes de service social, la pastorale, la diététicienne, le presbytère et la bénévole.

Ça ne paie pas, mais c'est un projet d'envergure qui peut aider le malade. Alors je fonce, je retrouve mon énergie et je repars à neuf. Je laisse grandir l'organisme avec d'autres personnes ressources, une nouvelle philosophie, de nouvelles orientations et de nouveaux malades.

Mon défi maintenant, c'est d'aider d'autres groupes à démarrer.

Ça part comment un groupe? À partir de malades

qui s'en sont sortis, des membres de la famille, des amis, ceux qui sont malades et qui veulent faire leur part si minime soit-elle. Vous avez le désir d'aider, vous avez du vécu? — on en a tous à partir de nous, de notre vie — c'est parti. Un petit groupe se forme, on fait de la publicité pour en sensibiliser d'autres puis on a un conseil d'administration avec un médecin et des personnes ressources.

Vous seriez surpris de constater que plusieurs personnes ont envie de s'impliquer et n'attendent que l'occasion. Une personne ressource de la F.Q.C. (Fondation Québécoise du Cancer) peut vous aider, pour les structures, la formation de bénévoles, le suivi. Si vous partez motivé, vous ne serez pas seul car je suis là aussi, prête à vous appuyer. C'est important! Ne vous comparez à personne, surtout pas à moi, car je me suis *brûlée*. Mais je ne regrette rien. Maintenant, j'ai appris, je vais à mon rythme dans la mesure de ma personnalité. Alors, ne vous en faites pas si tout ne va pas aussi vite que vous le désirez, c'est normal. L'important, c'est d'être bien dans ce que l'on fait. On ne donne que ce que l'on a.

Vous voulez aider. Vous avez de l'amour à donner, du temps à consacrer et vous, malades atteints de cancer qui vous en êtes sortis, avez-vous une nouvelle orientation en vue? Sinon, aidez ceux qui, comme vous, ont besoin d'aide. Vous pourriez être la seule personne qui ira l'écouter. Ne vous fiez pas aux apparences. Il semble s'en sortir tout seul, offrez-lui votre aide sincèrement et attendez le moment venu, il viendra. Respectez son rythme.

On pense souvent qu'on va aider quelqu'un et c'est lui qui nous aide. Pensez-y!

Alors vous, malades qui vous en êtes sortis, aidez à votre tour. Fondez un groupe d'entraide. Il y en a 45 au Québec, mais c'est nettement insuffisant. Dans chaque région, il doit y avoir un groupe d'entraide, car c'est en s'aidant qu'on s'entraide. Peut-être est-ce vous qui aurez besoin d'aide un jour? Une personne sur trois est atteinte de cancer. Pouvez-vous prendre le risque que ce soit vous qui soyez atteint sans avoir de l'appui immédiat? Quelques heures à donner deviennent un atout. Je connais des groupes d'entraide partout au Québec et je leur dis à chacun d'eux en particulier, pour le travail qu'ils font: «Vous êtes formidable, lâchez pas. Je suis avec vous, dans les hauts et les bas. Vous êtes important et vous faites un travail formidable. Continuez!»

Selon la personne qui le met sur pied, personnel soignant ou malade, il y aura des structures ou non, de la permanence ou non, du personnel rémunéré ou non — ainsi l'association, selon les besoins, mastectomisées, stomatisés, adultes ou enfants sera fonctionnelle.

La personne qui crée une association avec un groupe le fera selon ses croyances, ses besoins, c'est très bien ainsi. L'important, c'est d'être bien dans ce que l'on entreprend, le reste, l'aide, arrive toujours au moment opportun.

Bonne route à votre équipe!

Comment être "aidant" pour accompagner un malade à domicile

De plus en plus, les gens désirent mourir à la maison entourés de ceux qui les aiment. Les membres de la famille souhaiteraient répondre à leurs demandes («Peux-tu me garder à la maison, je voudrais sortir de l'hôpital.») Mais l'entourage est souvent préoccupé, anxieux («Je ne suis pas infirmière, comment dois-je agir? qui peut m'aider?»)

Ce chapitre vous donne des moyens, des façons d'agir pour vous rassurer. J'ai tenté, avec Simone, auxiliaire familiale qui accompagne le malade à la maison et avec mon expérience personnelle, de vous parler des besoins du malade.

Ainsi, avec votre bonne volonté et l'information pertinente, vous atteindrez votre objectif: le bien-être du malade.

Voici les ressources possibles pour obtenir de l'information:

- Entraide Ville-Marie de Montréal;
- C.L.S.C. de votre région;
- Centre action-bénévole de votre localité;
- Les groupes d'entraide — bottins-ressources de

la F.Q.C. où, selon votre région, un service de support est possible.

Une ligne téléphonique est toujours à votre disposition sans frais partout au Québec: **1-800-361-4212**.

Et maintenant, à vous de décider, vous avez de l'aide!

Vous avez la santé? vous voulez vivre une expérience d'aide et de soutien à domicile? Et surtout, être avec celui qui est malade? Vous voulez vivre avec lui les derniers moments qu'il lui reste?

alors, prenez note: la première chose à faire, **s'asseoir.**

Être honnête avec soi et avec le malade

Échanger, ça peut être difficile, intense, mais pensez que vous aurez à vivre une période où l'émotion fait partie de vous et s'accentue jusqu'au décès du malade.

Posez la question: Pourquoi agissez-vous ainsi?

- Voulez-vous l'accompagner par choix?
- Parce que vous ne voulez pas lui refuser votre aide?
- Ou les deux?

Discutez-en ouvertement, c'est important. Le malade doit, lui aussi, exprimer ses craintes concernant tout ce qui le touche. Donnez-lui une porte de sortie. Si ça ne va pas, puis-je revenir sur ma décision? *Être à nouveau hospitalisé...* pense le malade. Et si c'était trop demander, il peut vivre de la culpabilité.

Cette étape franchie, regardez la disposition des pièces. Ai-je de la place pour un lit d'hôpital dans la chambre? Puis-je enlever certains meubles en trop pour ajouter une toilette mobile? Ai-je besoin de matériel supplémentaire? Pour cela, contacter les associations pour prévoir selon les besoins.

Savoir qu'on peut recevoir le matériel nécessaire (une bassine, un levier hydraulique, une marchette, un fauteuil roulant, un urinoir) rassure le malade et l'accompagnant.

Où trouver ce matériel? Dans chaque région, il existe une association de prêt d'équipement (Croix Rouge, associations pour handicapés, organismes comme les Chevaliers de Colomb, les Clubs Optimistes et certains services publics).

Si vous avez une assurance, vous pouvez les louer ou les acheter à la pharmacie. Ils seront remboursés par la suite.

Laisser son autonomie au malade le plus longtemps possible.

Lui demander ce qu'il a envie de manger (s'il n'a pas faim, lui suggérer des mets au lieu de décrire ce qu'on va manger, ça lui donne des idées, lui ouvre l'appétit, il mange peu mais avec plaisir). Apprêter les repas avec une touche de fraîcheur (petite tomate, feuille de céleri). Placer le repas dans une petite assiette, ainsi, il mangera selon ses besoins et ça le rassurera. «J'ai de l'appétit», s'encourage-t-il.

Égayez la chambre du malade (des photos de ses proches, de petits souvenirs de voyage ou de ses petits-enfants). Il faut penser que le malade va demeurer de plus en plus dans la même pièce, sa chambre doit être accueillante.

On doit encourager le malade à se lever le plus souvent possible, à s'asseoir ailleurs que dans son lit. Dans un fauteuil confortable, par exemple. Il faut penser que ses forces ont diminué avec le temps et que le malade ne pourra plus se lever. Le lit sera son seul lieu de confort. Placer une peau de mouton, des draps de flanelle (et non de coton). Avoir des draps de rechange, des piqués et des couches. Éviter d'inquiéter le malade davantage, s'il est inconscient, en le rassurant.

On devra surveiller les plaies de lit (petits bleus), passer de la glace pendant trois secondes sur les rougeurs, assécher comme il faut, appliquer une crème à base de vitamine E.

Autre problème: la constipation. L'infirmière devra veiller à donner au malade ce qu'il faut pour son bien-être.

L'important, c'est que la relation entre le malade et vous soit franche. Ce n'est pas le temps de conspirer, de transmettre vos peurs... Soyez sincère. Exprimez vos craintes, parler ouvertement avec l'entourage reste la meilleure façon d'être à l'écoute du malade.

Demandez de l'aide, ne faites pas tout, tout seul. Ce serait une erreur de croire que vous allez toujours avoir la même énergie. La fatigue s'installe, les nuits sont plus longues.

Il y a des revues telles que: *C.L.S.C. — Soins à domicile, Centre Action-Bénévole, Groupes d'entraide* qui vous renseigneront, en temps opportun, sur la façon d'agir avec le malade, que ce soit pour administrer les calmants ou vous servir d'un appareil à succion pour les sécrétions. Ne vous inquiétez pas, tout s'apprend. On se découvre des forces, des énergies au fur et à mesure des événements. Le personnel médical peut vous aider en ce qui concerne le côté nursing (soluté, sonde viscérale). Si vous êtes à côté du malade et qu'il le veut bien, vous lui apportez un soutien moral qui diminue son anxiété.

Même si le malade retourne à l'hôpital, le temps qu'il aura passé à la maison sera pour lui une bénédiction et vous saurez que vous avez fait ce que vous pouviez, compte tenu de votre disponibilité et de votre état de santé.

À mesure que le malade demande plus de suivi, votre entourage peut vous aider, pour les emplettes. Ces personnes aussi désirent peut-être faire leur part. Les enfants peuvent prendre des responsabilités selon leur âge. Demandez l'aide du C.A.B. de votre région. La prise en charge d'un malade, c'est l'affaire de tous ceux qui l'aiment.

Le respect du malade, c'est important;

on soigne le malade comme on voudrait être soigné;

on vit le moment présent.

Vous pouvez avoir une relève pour vous aider à dormir. Laissez l'occasion à d'autres d'accompagner le malade (frères, sœurs, amis, voisins).

Il faut insister un peu parfois pour faire prendre le médicament au malade. On le lui donne par petites doses, à heure fixe, ne pas le laisser dormir en pensant qu'il va s'accoutumer aux narcotiques. Pensez-y, quand la douleur est trop vive, le médicament a moins d'effet. Donc, respectez les consignes du médecin autant que possible. Souvent, c'est le malade qui n'exprime pas son mal, car il a peur de recevoir des injections. Quand le temps sera venu, peut-être que le médicament sera peu efficace. C'est important de rassurer le malade: on va continuer à te soulager. La médication sera modifiée selon la douleur, tu auras toute ta conscience si tu le désires.

À surveiller: grimaces, larmes, front crispé, tendu, refus ou crainte de changer de position.

Bref, être à l'écoute de ses besoins.

Souvent, on donnera un médicament pour la nuit, pour l'aider à dormir. Le malade le refuse ou vous dit le lendemain matin qu'il a eu de la difficulté à se réveiller... Vous pourrez lui répondre: «Et si tel avait été le cas, est-ce que tu ne penses pas que ça aurait été la plus belle mort, partir paisiblement, entouré de ceux que tu aimes.» Souvent, il sourit et, le soir même, il ne s'inquiète plus pour prendre le médicament au coucher.

Bien entendu ceci s'applique aux malades qui sont prêts à partir et qui acceptent la mort. S'ils ont peur ou sont anxieux au coucher, ne pas leur parler de la mort car ils combattront l'effet du médicament et resteront éveillés toute la nuit.

Là encore, suivre la médication prescrite pour le coucher. Si elle ne convient pas, en avertir le médecin ou l'infirmière. Souvent, les gens anxieux préféreront dormir dans la journée, à la clarté, plutôt que la nuit.

Les personnes qui accompagnent le malade la nuit peuvent aussi récupérer, faites-en autant. Ne dites pas: «J'ai autre chose à faire» et demandez à quelqu'un de votre entourage d'entretenir la maison.

Le malade doit être installé confortablement et vous devez veiller à le couvrir comme il le désire (les mains sur les couvertures, des oreillers placés dans le dos pour éviter les plaies de lit). Le patient doit être retourné fréquemment. Lui mettre des vêtements amples, de préférence en coton ouaté et non en satin, pour éviter les froissements. Lui mettre des bas chauds ou de petites chaussettes en coton ouaté à l'intérieur, sans élastique, qui ne coupent pas la circulation. Il est nécessaire aussi de faire de petits massages dans le dos, aux mains et aux pieds (placez la paume de la main à l'endroit où il faut masser, jamais le bout des doigts). Réchauffez la crème en frottant vos mains avant de toucher au malade. Faire des gestes rotatifs pour activer la circulation. Essuyez l'excédent de crème pour que le malade soit bien au sec. Frottez souvent les extrémités froides.

Un sourire vaut mille gestes. Faites-lui part de vos sentiments, il appréciera.

Le malade se prépare à partir. Il est plus amorphe, donc, plus il perd de forces, plus sa médication a augmenté, il mange peu et s'hydrate difficilement, il reçoit donc des solutés.

Le malade se détache de ses biens et vous laisse agir à sa place. Les derniers temps, il vous demande de rester de plus en plus avec lui, de le toucher, de lui indiquer votre présence. Même s'il a les yeux fermés ou si vous pensez qu'il ne vous entend pas, parlez-lui comme avant.

S'il veut recevoir les derniers sacrements, rencontrez le prêtre. Mettez-lui ses plus beaux atours s'il le désire; qu'il soit à son avantage (cheveux lavés et peignés, etc.). Comblez au maximum ses besoins de présence.

Suggestions:

- Pour hydrater: faire sucer de petits morceaux de glace pour ne pas que le malade s'étouffe;
- Congeler du jus de fruit. En donner de petites bouchées quand le malade ne mange plus, ça rafraîchit et il y a des vitamines.

Quand le malade entre dans sa chambre, lui parler paisiblement de choses agréables (travail qu'on a fait la veille pour lui, son vécu, des bons souvenirs de famille et de voyage, etc.). Éviter des phrases comme: «Madame X est entrée à l'hôpital d'urgence; elle est morte hier soir» ou «Ils l'ont trouvée morte le lendemain matin». Ceci inquiète le malade et les discours de ce genre provoquent des angoisses. Le malade peut faire des cauchemars, être agité ou plus souffrant à cause du stress anticipé.

Questions — réponses

Le malade a peur de se faire tourner de côté: il craint d'avoir des hémorragies. Mais vous lui expliquez que c'est pour éviter qu'il s'engourdisse, pour dégager ses poumons, pour éviter les plaies de lit. Le malade sera moins anxieux après vos explications.

Un sérum est installé à son chevet — pourquoi? En tant que personne ressource, vous pouvez lui expliquer: «Moi, je m'occupe de l'extérieur, je t'applique des crèmes douces, je te mets à ton aise mais si tu gardes ton sérum, pour irriguer l'intérieur de ton corps, tu m'aides et tu t'aides en t'hydratant. Qu'en penses-tu?» Encore là, la plupart acceptent en souriant car ils se sentent épaulés.

Souvent, quand c'est la femme qui est malade et qu'il y a une personne ressource, le mari est un peu mis de côté. Il se retire. Ce n'est pas parce qu'il n'aime pas sa femme, au contraire, mais il est incapable de la voir souffrir. Impliquez le mari le plus possible petit à petit, aux soins de base, pour l'aider à accepter l'évidence de la mort.

C'est ce que prône madame Boisvert, responsable des soins à domicile à Saint-Basile-le-Grand. Pionnière des soins aux malades qui meurent à la maison, elle a comme objectif d'améliorer la qualité de vie du mourant auprès des siens. Son exemple est un stimulant pour tous. Les gens du Centre de Saint-Basile l'adorent, le malade et sa famille se sentent en sécurité avec son équipe.

Elle montre au mari comment surveiller le soluté, donner les calmants, faire les injections, aspirer les sécrétions. Elle leur fournit tout l'équipement indispensable dont ils ont besoin pour assurer de meilleurs soins.

Il y a une équipe de surveillance 24 heures par jour et du personnel pour assurer la relève la nuit. Son personnel bénévole a reçu une formation des plus adéquates.

Il est donc possible d'aider un malade à partir dans les meilleures conditions possibles, entouré de son décor habituel. Il suffit d'un peu d'aide et de beaucoup d'amour.

J'espère avoir cette chance moi aussi, à mon départ, car mourir chez soi, avec ceux qu'on aime, c'est un départ harmonieux.

Qualités d'une bonne auxiliaire familiale

Être disponible, calme, patiente, respectueuse, tendre, ne pas être dédaigneuse et aimer le malade.

La question la plus importante qu'on doit se poser: «Pourquoi j'ai envie d'aider?» Si c'est un don de soi, pour partager avec autrui: vous êtes la bienvenue auprès du malade.

Souvent, le malade vous pose la question: «Dois-je mourir à la maison ou à l'hôpital?»

On le laisse s'exprimer, il nous demande notre opinion et souvent l'auxiliaire familiale qui est près du malade répondra comme suit:

«Pour ton bain ou s'occuper de tes besoins de base à la maison, l'auxiliaire est à ta disposition et s'adaptera à ton rythme. Tu peux prendre deux heures pour ton bain ou arrêter si tu es trop fatigué et recommencer après.

Tu demeures dans ton décor familial, on va s'occuper de l'entretien de ta maison, de tes repas, tu es chez toi.

À l'hôpital, c'est un milieu étranger, il y a peu de personnel et il doit s'occuper de plusieurs malades. Le bain, les repas, les traitement sont programmés à heures fixes. Tu reçois de l'aide, mais à leur rythme et selon leurs disponibilités.»

Compte tenu de cela, la question qui se pose c'est: *Ma famille est-elle disposée à me garder à la maison si j'ai envie de vivre cette relation d'aide avec elle?* Et ensemble, vous décidez du meilleur choix à faire.

TÉMOIGNAGES

Vivre pleinement jusqu'au bout: mirage ou réalité?

*À un abus succède un autre abus, quoi de plus vrai!
À l'ère des cachotteries, des demi-vérités et des mensonges a succédé celle de la vérité énoncée crûment, en bloc, souvent sans ménagement et, parfois, sans respect.*

La mort, qu'on a trop longtemps ignorée ou cachée, a soudainement fait surface pour prendre toute la place et pousser du coude la vie qui reste jusqu'à nous faire voir, dans le mourant, davantage le mort de demain que le vivant d'aujourd'hui.

À entendre certains propos, à observer certains intervenants, on croirait parfois que le rôle de ceux-ci consiste plus à préparer la mort qu'à promouvoir la qualité de vie. Que savons-nous d'autre de la mort que les phénomènes biologiques que nous pouvons constater? Qui peut dire avec certitude ce qui se passe au moment de la mort... ce qui arrive après? La mort est un mystère que personne n'a réussi à percer. Comment, alors, préparer en toute honnêteté la mort de l'autre?

Soulager la douleur; écouter le malade exprimer ses angoisses et le rassurer sur ce qui relève de notre compétence; lui donner l'assurance que nous l'accompagnerons jusqu'au bout et que nous respecterons ses volontés; partager sa souffrance; respecter sa dignité dans la tendresse et la sérénité, là se situe le rôle des soignants.

Promouvoir la qualité de la vie qui reste, c'est permettre au malade de demeurer dans son milieu, parmi les êtres qui lui sont chers et au milieu des choses qui ont meublé sa vie.

Vivre pleinement, c'est partager la vie dans son abondance; participer aux discussions et aux décisions; vivre les joies et les soucis du quotidien; c'est profiter au maximum de toutes ses capacités, même diminuées.

Vivre pleinement, c'est accueillir les voisins qui s'arrêtent en passant pour prendre des nouvelles et faire un brin de causette. C'est aussi le petit chat qui dort au pied du lit et le chien fidèle qui monte la garde à la porte de la chambre. Mourir dans la plénitude, c'est pouvoir réunir qualité de vie et qualité de soins. Le maintien à domicile est la seule réponse à cette plénitude de vie jusqu'au bout.

Pour être honnête, cette réponse suppose qu'on dispose de toutes les ressources humaines et matérielles afin de faire face adéquatement à toutes les situations.

Si le malade doit payer de ses douleurs, de son inconfort et de son insécurité, son souhait de demeurer dans son milieu, la plénitude de vie est un mirage.

Nous, qui avons relevé le défi et qui réalisons cet idéal de plénitude de vie jusqu'au bout, pouvons affirmer qu'il est possible de concilier harmonieusement maintien à domicile et qualité supérieure de soins.

C'est ainsi qu'ensemble, malade, famille et soignants, dans la dignité, la paix et l'amour, nous avons apprivoisé la mort.

Lise B. Boisvert
(Centre de bénévolat, Saint-Basile-le-Grand)

Une bénévole

Mariée, mère de deux garçons, aujourd'hui adultes, j'ai un travail semestriel et je consacre le second semestre au Centre de bénévolat de Saint-Basile-le-Grand pour les soins palliatifs à domicile.

Comme j'ai toujours eu une vie active, ma famille a bien accepté mon choix, sans discuter. Tous sont heureux que j'apporte aide et confort à ces grands malades. Mon mari se fait un plaisir de me conduire à l'occasion. Il sait m'écouter lors de moments difficiles et m'offre souvent l'occasion d'une bonne détente par des sorties chez des parents et des amis, par de bons soupers au restaurant, etc.

Madame Lise Boisvert, présidente du Centre de bénévolat de Saint-Basile-le-Grand, m'a tout expliqué et appris et elle m'a secondée depuis les débuts. Une confiance mutuelle s'est installée entre nous.

Sa générosité, son savoir, son honnêteté et sa disponibilité me font apprécier de plus en plus chaque moment que je vis auprès d'un malade en phase terminale.

Ma première communication avec une nouvelle famille est plus rassurante, plus dégagée et plus amicale. Maintenant, je sais ce qu'elle attend de moi.

Je respecte leurs goûts, leurs idées, leurs biens, leur entourage, leurs croyances et leur religion.

Je réponds honnêtement aux questions sur la maladie, les médicaments et la mort éventuelle. Je rassure et laisse ses espoirs au malade.

Auprès de ces malades en phase terminale, j'ai acquis une meilleure compréhension de l'être humain, à observer une grande discrétion sur les confidences, soucis et chagrins. Je sais mieux contrôler différentes situations et y apporter sérénité et paix. Je suis plus habile à détecter les signes de souffrance et d'inconfort de l'agonisant.

Quoi de plus passionnant et de valorisant que d'aider à soulager la douleur, l'appréhension et la peur de la mort et ce chez le malade, parmi les siens, dans son décor?

Tant que ma santé me le permettra, je continuerai ce travail humanitaire qui m'apporte paix et sérénité.

Simone Charbonneau

Mourir vivante

Infirmière, j'ai souvent accompagné des mourants. J'avais appris à être très professionnelle, correcte et à mon devoir.

La vérité, c'est que j'avais une peur bleue, pour ne pas dire mortelle, des morts. Je les évitais, je trouvais des excuses pour ne pas aller dans leur chambre ni aux salons funéraires ni aux enterrements. J'étais hantée par leurs souvenirs, par mon impuissance, par mes peurs et par mon ignorance.

Je dois à la femme qui me donna la vie la grâce d'être devenue plus humaine, réconfortante et plus vraie face à la mort.

«Marie, je suis en train de mourir!», avait-elle dit en s'étouffant une fin de journée de la mi-novembre.

En blague, je ripostai: «Mom, pouvez-vous m'attendre au moins? J'arrive... dans une demi-heure, je serai avec vous.»

L'appareil téléphonique encore en main, je compose le numéro du Centre d'Accueil. J'avise l'infirmière de son appel de détresse et la prie de demander le médecin de garde. Je désire qu'elle soit examinée car le ton de sa voix m'indique nettement qu'elle est très inquiète, et ça n'est pas dans ses habitudes de geindre inutilement.

Je me rends à son chevet, je la trouve en effet très mal-en-point. Je la soigne avec la plus grande douceur et toute ma tendresse quand enfin, vers 22 heures, le médecin passe. Signes vitaux, percussion, auscultation... j'attends un diagnostic de... pneumonie, pleurésie et elle aussi, mais... le stéthoscope aux oreilles et le regard oblique, le médecin dit: «Madame Houle, j'aimerais que vous passiez une radio des poumons... peut-être il y a des... petites métastases, je voudrais clarifier ça avant de prescrire.»

La bombe! Maman, des métastases aux poumons!

Ça fait 25 ans qu'elle a été opérée pour... même pas un cancer du sein, mais non, c'était la maladie de Paget. Voyons donc, elle a passé tous ses tests pour entrer ici il y a à peine un an... c'est impensable! Cher docteur!

Bref, elle se prête à la radio et vers trois heures du même jour, j'entends le verdict du radiologue de l'hôpital: «Madame, votre mère est... "farcie de métastases" aux poumons... elle ne se rendra pas à Noël.»

Plus de 20 ans de service infirmier ne m'ont pas encore préparée à cette tâche: celle d'annoncer à ma mère son diagnostic de cancer et son pronostic de mort à très brève échéance. On ne peut lui cacher la vérité, ce serait une insulte à sa force intérieure. Il faut donc le lui annoncer. Parce que je suis infirmière, je suis déléguée. Ma soeur infirmière est elle-même atteinte d'un cancer, c'est hors de question.

J'intercale deux jours entre le choc et le devoir. Je puise chez ma soeur aînée et l'autre, religieuse, l'appui et le courage d'aller avertir maman de... la volonté de Dieu.

Je lui dis que... le médecin m'a communiqué les résultats, qu'il avait dit... que... très bientôt... nous aurions une... mère... veilleuse... au Ciel.

À cette époque, je ne pouvais même pas prononcer le mot «cancer» encore moins le mot «mourir» et surtout pas le mot «mort». Analogie, figure de style, voire le Ciel... Je ne savais pas ni quoi ni comment dire. Je n'étais plus une professionnelle, j'étais la fille de maman qui allait partir et j'étais déchirée.

Elle eut un second choc, comprit très vite que ce qu'elle avait redouté dans son silence et sa solitude, lui arrivait aujourd'hui. Elle se recueillit puis demanda à recevoir la communion.

Pour m'aider à marchander sa guérison, je fis part à tout le monde de mes doutes sur le diagnostic. Peut-être est-ce une tuberculose miliaire? Il allait falloir vérifier et s'assurer qu'il n'y avait pas d'erreur. Elle vint au Centre Hospitalier Thoracique de Montréal. Pour moi, c'était plus simple car d'une tuberculose... on guérit mais d'une «farcie de cancer»... on meurt. Plus tard, j'appris que, pour elle, l'affreux ç'eut été d'avoir la tuberculose et de souffrir le rejet de la contagion alors que l'honorable, le pardonnable, l'acceptable, c'était le «cancer pour mourir».

On ne trouva pas de T.B. et le médecin m'ayant fait voir les radios, je fus convaincue de l'irréversibilité.

Durant son séjour à l'hôpital, elle parlait de sa vie, de ses souvenirs d'enfance, de ses amis précieux, de tout ce qu'elle aimait. La douleur était contrôlée, ce qui lui permettait de causer avec humour très souvent. Puis un jour, elle signa d'une main tremblante une image pieuse du nom de Sœur Marie-Louise sscc. La sachant probablement envahie de partout, je pensais qu'il s'agissait de métastases au cerveau et lui en fis la remarque.

À ma grande surprise, j'appris qu'elle était religieuse laïque depuis plus de 25 ans; qu'elle vivait ses vœux de chasteté et de pauvreté, quelque temps déjà avant la mort de mon père qui lui avait accordé son consentement au nouvel état civil qu'elle se proposait d'adopter alors. Quelle révélation!

Elle avait préféré le vivre plutôt que d'en parler. Quelle leçon!

«Si j'ai un sursis, je voudrais jouer de la plume... mais en attendant, on va remplir nos jours de Joies... Je veux mourir vivante.»

«Votre mère a son congé de l'hôpital aujourd'hui, venez la chercher.» Elle nous avait exprimé le désir de ne pas retourner au Centre. Elle avait été bénévole à l'infirmerie du Centre. Que savait-elle? Pourquoi son refus? Nul ne l'a jamais su.

Il fallait lui trouver un endroit convenable. Ça ne se trouve pas en cinq minutes, surtout pas à huit heures du matin. La grâce vint sous une forme exquise. La Mère Supérieure des Soeurs de Sainte-Anne de Lachine offrait de l'accueillir en son couvent «en transit», en attendant un placement permanent. Quel soulagement et quelle joie pour elle de se voir... entrer en communauté... *chez les chères éducatrices qu'elle aimait tant. Elle savait cette maison bénie et remplie de grâces. Elle savait aussi où allait être sa prochaine demeure définitive. À son arrivée, elle marchait encore un peu puis elle cessa et demanda même qu'on ne la maintienne plus en vie par des artifices, ni oxygène, ni rien: elle offrait ses souffrances pour ceux qui allaient mourir aujourd'hui.*

Bien que ce fut triste de savoir son départ éventuel, il ne me reste pas de souvenir d'un événement triste. Bien au contraire!

Elle en a fait une «mort à cœur ouvert». Une mort qu'on accueille parce qu'on en parle librement, parce qu'on peut prononcer le mot cancer, le mot mort, le mot Dieu, parce qu'on pouvait pleurer avec elle, lui manifester notre amour et notre douleur. Il a été permis de tout exprimer. Elle ouvrait nos peurs au grand jour et les remplissait de foi. Un flot incessant de visiteurs vint la voir, lui confier un secret, sachant qu'elle pourrait intercéder auprès du Père Éternel sous peu, chacun lui réclamait une grâce spéciale pour tâcher de mieux vivre.

Elle touchait chacun en son tréfonds, lui rappelant l'importance de vivre en s'accrochant aux valeurs éternelles, parlant du pardon de l'Amour. Elle avait une dimension universelle, comprenant tout, pardonnant tout, exhortant à l'amour.

«Ce n'est pas moi qui parle, c'est le Christ qui me dit quoi dire. Je ne fais que transmettre ses messages. Écoutez-le!»

«Téléphone à Gilles (Vigneault). Demande-lui de composer une Ode à la Vierge. Dis-lui que je l'inspirerai. Moi, ce sera mon cadeau de Noël pour l'humanité. Moi, personne ne va m'entendre mais lui, le monde entier va l'écouter.»

Ce que je fis et Monsieur Vigneault de me dire: «De toute façon, elle m'a toujours inspiré.»

La veille de sa mort, elle me confiait: «Tu sais Marie, tout ce que j'ai demandé au bon Dieu, même mes plus secrets désirs, même ceux que je n'osais pas m'avouer à moi-même... Il les a tous exaucés... Il est fou d'Amour pour moi... Tu sais combien j'ai eu, si longtemps, peur de mourir... Et bien c'est fini, je n'ai ni angoisse, ni douleur, ni crainte.»

Elle semblait déjà si étroitement liée à son bon Dieu.

«C'est tellement beau ce que je vis... j'entends des musiques comme jamais auparavant, j'ai l'impression d'être à moitié en haut et à moitié avec vous, c'est très étrange et merveilleux à la fois.»

Ses petite-fille et arrière-petite-fille, venues d'Espagne, furent les dernières personnes qu'elle attendait. Le lendemain de leur arrivée, elle me dit:
— J'aimerais que ça se fasse demain.
— Vous aimeriez aller... au Paradis... demain?
— Oui, je veux aller voir Noël au ciel. Si je pars demain, vous aurez le temps de vous préparer pour Noël, si je retarde... je vais vous «casser le fun».
— S'Il vous accorde tous vos désirs... j'ai bien peur qu'Il vous emballe votre cadeau. Si vous êtes prête, soit!

Le lendemain, elle est plus faible. On accourt. Elle est pleinement consciente et trouve bien merveilleux qu'on puisse tous être présents. Nous récitons les prières des agonisants et elle s'impatiente un peu du fait qu'elle remet son âme entre les mains de son Créateur puis...

— Pis, y la prend pas!

Une heure plus tard, elle nous regarde tous, chacun, chacune et nous dit **adieu.** *Elle meurt vivante, accueillant son passage dans l'Éternité avec le plus grand des calmes, dans la sérénité et le respect des événements qui doivent être ce qu'ils sont.*

«Magnificat! Le Seigneur fit pour moi des merveilles. Saint est son Nom!»

Soeur Marie-Louise, première religieuse laïque québécoise des Sacré-Coeur de Jésus et de Marie... ma mère, mourut un dix-neuvième jour de décembre à 92 ans. Depuis, ma mère veille.

Quand on la porta en terre, je pensais qu'on semait une semence géante de fleurs à fleurir des Saints. Je me sentais fière d'être porteuse, en ligne directe, du Flambeau de Vie légué par sa mort même. Elle avait transformé ma peur de la mort en un goût de vivre en préparation de mon éventuel départ vers nos retrouvailles dans les Temps.

Marie Houle-Mitchell

Une grande perte

J'ai rencontré Jean et sa femme Ghislaine à la maison, environ une semaine avant son décès. Il était en train de réaliser son dernier défi: l'arbre généalogique de sa famille, pour le laisser à ses petits enfants.

Retournons un peu en arrière, avant qu'il apprenne qu'il lui restait peu de temps à vivre.

Jean demeure à Saint-Basile-le-Grand depuis déjà 21 ans. C'est un homme généreux, toujours prêt à aider et sur qui on peut compter. Il travaille fort dans son métier (il est électricien) mais il a un deuxième emploi qui lui tient à coeur: le bénévolat.

Jean et sa femme forment un couple uni et croyant. Ils se sont beaucoup impliqués dans leur communauté.

S'occupant depuis plusieurs années du mouvement scout, Jean a le projet de construire une maison. Après bien des efforts et beaucoup de disponibilité et aussi avec l'aide de différentes personnes, impliquées elles aussi dans le mouvement, ce projet devient une réalité. Le mouvement scout lui a rendu hommage en donnant le nom de Castor Dévoué à la maison (c'était son patronyme).

Jean disait que lorsqu'il aurait 50 ans, il prendrait sa retraite et construirait une maison avec ses enfants. Mais l'avenir était tout autre.

Il y a deux mois, il se sentait toujours fatigué, tous-

sait un peu, se sentait vidé et sans énergie. *Après avoir passé des examens pour les poumons, il retourne immédiatement voir son médecin qui lui donne les résultats: un cancer du poumon. On lui dit qu'aucun traitement n'est possible, qu'il est trop tard. On l'hospitalise pour quelque temps mais, même s'il est entouré de sa femme et de ses enfants, il n'est pas chez lui. Ce n'est pas sa maison, son décor.*

Jean demande à Ghislaine si elle peut le ramener à la maison et le garder — du moins essayer pour un certain temps. Ghislaine est d'accord. Elle rencontre Lise, la responsable des soins à domicile à Saint-Basile-le-Grand. Ensemble, elles préparent le retour de Jean à la maison.

Des choses sont indispensables: lit d'hôpital, chaise d'aisance, fauteuil roulant, etc. Le tout est trouvé rapidement et Jean revient chez lui, heureux, parmi les siens.

Jean a toujours donné tout ce qu'il pouvait aux autres sans jamais rien attendre en retour. Les amis ne l'oublient pas, ils viennent le saluer, le consulter, le remercier.

Il a convoqué sa parenté à une rencontre à la maison. Pour lui, c'était important, il savait que c'était la dernière réunion de famille. C'était sa façon à lui de faire ses adieux.

Puis c'est la reconnaissance. Un groupe de scouts pour qui il a donné une grande partie de sa vie, vient lui témoigner sa gratitude et lui remettent une plaque commémorative de la maison des scouts. C'est à ce moment qu'il apprend que la maison portera son nom. Jean est touché, heureux. Au moment où il m'en parle, une larme coule sur sa joue.

Jean se rappelle qu'il a toujours voulu écrire l'arbre généalogique de sa famille. Il avait fait des recherches mais, comme il était toujours disponible pour tous, il n'avait jamais assez de temps pour lui. Il me dit: «J'ai le désir de terminer ce travail avant de mourir.» Tous s'impliquent pour l'aider. Les recherches se poursuivent et les résultats arrivent de toutes parts. Lise lui fournit un ordinateur et des amis viennent l'initier. Jean qui devenait pessimiste reprend du mieux, car il a l'espoir.

Tout le monde est surpris de l'évolution de la maladie — il recommence à manger un peu — quand il se lève, avec moins de souffrance, c'est pour aller travailler sur l'ordinateur. Un défi de taille: «Laisser ma trace pour mes petits enfants.»

Jean m'avoue qu'il est mieux à la maison qu'à l'hôpital, dans son décor, avec ceux qu'il aime. Ghislaine dit :«Je ne pensais pas m'en sortir aussi bien. On a toujours les énergies nécessaires en temps voulu». Ghislaine a appris à administrer les médicaments, à donner les soins adéquats à Jean. «Je suis toujours là, à côté de lui. Je veux vivre au maximum tout le temps qui nous reste. On parle beaucoup de la mort, je sais qu'il est prêt, je vis cette échéance avec lui.»

Jean est calme et serein. «Dieu viendra me chercher quand il voudra», me dit-il.

Il y a beaucoup de complicité et d'amour entre eux. Sa femme respecte ses choix. Elle dit qu'après, quand il ne sera plus là, elle ne vendra pas la maison. «Je veux sentir sa présence, je sais qu'il m'aidera.»

Jean m'exprime ses désirs: «Je remercie ma femme pour ce qu'elle fait pour moi — et je voudrais que toi, Mado, tu dises à tout ceux qui peuvent garder la personne malade à la maison de le faire. C'est le plus beau cadeau qu'ils peuvent nous donner.»

«Je ne regrette rien,» dit Ghislaine.

Je les regarde et repars de cette maison, émue et heureuse d'avoir rencontré des gens aussi humains.

Il est décédé quelques jours plus tard, accompagné de sa femme, de ses enfants et de Lise, l'infirmière, mais surtout l'amie.

Quant à son projet, même s'il n'a pu le terminer lui-même, sa famille va le poursuivre. Quant à moi, à travers leur vécu, ils m'ont convaincue de la possibilité de mourir dignement, entouré de ceux qu'on aime et serein, dans un décor harmonieux.

Ce n'est pas le nombre d'années qui détermine la grandeur d'un homme. Jean, tu as laissé ta marque à Saint-Basile. On ne t'oubliera pas.

Mado

Une grande perte (suite)

Jean, à te voir si serein et si heureux d'être chez toi, pour vivre ces derniers instants que tu avais si bien acceptés, je me réjouis de t'avoir connu, d'avoir compris à quel point tu étais dévoué, sincère et croyant..

Tu as eu la chance d'avoir une femme aimante et disponible pour te venir en aide et être avec toi, comme elle l'a toujours été tout au long de votre vie commune. J'ai vu tellement d'amour entre vous deux, assez pour aller puiser une force qui m'aidera, j'en suis sûre.

Je sais que tu as une place privilégiée près de Celui qui est venu te chercher. Je sais aussi que tu te serviras de ton humour pour intercéder auprès de Lui en notre faveur.

Tu vivras toujours pour tous ceux que tu aimais tant, ta femme, tes enfants, tes petits-enfants et tous tes amis. Et nous, nos larmes se sécheront bientôt pour ne garder que de bons souvenirs. Ton passage près de nous ne peut que nous encourager et cette paix et cette sérénité des derniers temps nous donnent l'assurance qu'après la mort, c'est encore plus merveilleux...

Raymonde

Le cheminement d'un enfant leucémique jusqu'à sa mort...

J'apprends par mes parents que je suis malade, je sens que ça ne tourne pas rond dans mon système.

Je passe des examens médicaux de toutes sortes, de la tête aux pieds.

Ma famille, les gens s'inquiètent autour de moi. Ils s'informent: «Ça va bien? t'as pas mal? fais attention à toi.»

On me regarde de façon différente, c'est-à-dire avec des regards soutenus, des yeux tristes, on va te parler comme à un grand et on ressent de la pitié pour toi.

Puis mes parents me disent: «Tu es malade et l'on a trouvé la cause de ton mal, mais tu dois recevoir des traitements pour atténuer ta douleur, chimiothérapie, psysiothérapie et radiothérapie.»

Selon l'âge, le médecin peut expliquer plus en détail les effets secondaires des médicaments prescrits (nausées) mais l'important c'est qu'il dise: «On va s'occuper de toi et qu'on va te soigner. On va tout faire pour te guérir.»

Réactions de l'enfant à l'annonce de la maladie

Compte tenu que l'enfant avait déjà le pressentiment que quelque chose n'allait pas à cause de la réaction de son entourage envers lui, il est d'abord rassuré parce qu'il sait la vérité mais il est inquiet car si on ne le guérit pas, il va peut-être mourir.

Il a peur de s'endormir et de ne pas se réveiller, d'où certaines réactions: sommeil agité, cauchemars et énurésie, retour à l'enfance par l'attachement à un jouet déjà délaissé, etc.

Peur aussi de décevoir le personnel médical et son entourage.

Peur que l'on compare sa réaction à la bravoure d'un autre patient face à sa maladie.

Peur d'être oublié à cause des hospitalisations fréquentes qui l'obligent à quitter les personnes qui lui sont chères.

L'important, c'est que chaque enfant vive ses propres réactions à sa manière, à l'annonce de sa maladie. Il faut donc être à l'écoute de ses besoins et être authentique dans sa façon d'agir avec lui. L'important c'est de dire à l'enfant qu'on l'aime pour lui-même et non pour ce qu'il représente, qu'il aura toujours sa place au sein du milieu familial et qu'il ne sera jamais seul, peu importe la situation qu'il vivra.

Comment aider l'enfant dans cette situation difficile, compte tenu du fait qu'il aura à subir des prises de sang fréquentes?

Un bon moyen de le rassurer sur son état serait d'installer un graphique illustrant les résultats d'hématologie. Car l'enfant s'empêche de vivre le moment présent et d'avoir des activités de peur que des bribes d'information concernant son cas lui passent sous le nez. Il reste près du poste des infirmières, fait semblant d'être dans la lune quand les adultes discutent pour mieux écouter si l'on parle de lui et de sa maladie.

On peut rassurer l'enfant en lui disant qu'on va répondre à ses questions le plus exactement et le plus clairement possible.

Comme il pourra avoir de la difficulté à exprimer son vécu face à la maladie, on peut lui demander de dessiner ce qu'il ressent. Dans ces dessins, on peut remarquer que le personnel médical avec tous ses instruments prédomine. On peut aussi voir sa crainte de la mort par la présence de croix et de tombes. On peut aussi lui faire raconter ses rêves qui sont souvent des cauchemars: cela démontre son insécurité psychique et émotionnelle. On peut encore lui faire exprimer ses craintes en jouant des rôles au moyen de marionnettes.

Comment doit-on agir avec lui dans cette situation difficile?

Être sincère avec lui et, pour les parents, éviter d'être différents de leur façon d'agir habituellement avec lui. Ne pas lui cacher la vérité; dans plusieurs hôpitaux, une politique est établie à ce sujet, car l'inverse serait désastreux pour l'enfant. En apprenant le diagnostic par hasard, l'enfant peut perdre confiance non seulement envers le personnel médical pour ses traitements mais aussi en son proche entourage. Être aussi à l'écoute de ses besoins face à sa maladie.

Il ne faut pas oublier que la famille joue un rôle prépondérant dans l'évolution de la maladie, car ses membres vivent aussi des hauts et des bas et ont besoin d'exprimer leur vécu face à cette situation.

L'enfant pressent son état de santé

Aux regards des parents et même des médecins traitants, l'enfant leucémique a développé un sixième sens: l'intuition.

L'enfant pose des questions:
 1. Est-ce que je vais mourir?
 2. Comment c'est la mort?
 3. Est-ce que je vais souffrir?
 4. Qu'est-ce que tu vas faire de mes jouets quand je serai mort?
 5. Est-ce que je vais aller au ciel? Ou bien ailleurs?
 6. Pourquoi cela m'arrive à moi? Mes amis n'ont pas cette maladie, ils vont vivre longtemps eux.
 7. La mort ça se passe comment?
 8. Lorsque je serai mort, est-ce que je vais souffrir?

Ces questions ne sont pas obligatoirement posées aux parents ni dans cet ordre.

Voici des réponses qui pourraient être satisfaisantes pour l'enfant.

1. «Les médecins vont tout faire pour t'aider à guérir et à t'en sortir.»
2. «Comment penses-tu que c'est?» On laisse à l'enfant ses appréhensions et ses convictions.
3. «On va tout faire pour éviter que tu souffres. On te donnera une médication pour calmer ta douleur.»
4. «Que veux-tu que j'en fasse?» Selon sa réponse, on peut lui promettre, si c'est possible, ce qu'il désire. Il faut lui dire continuellement qu'il sera toujours présent dans notre coeur et notre vie.
5. «Oui, tu vas aller au ciel» (toujours selon ses croyances). Lui laisser exprimer ses craintes (l'enfant dit: «Je n'ai pas toujours agi comme je le devais.» «L'important, c'est de regretter ce que tu as fait, ne pas avoir peur, tu seras bien.») À partir de sept ans on peut lui demander s'il veut en parler à un prêtre et agir selon ses vœux.
6. Les parents peuvent expliquer que si l'enfant est à l'hôpital ce n'est pas sa faute, tout le monde meurt jeune ou vieux; son travail à lui est terminé. Donner l'exemple de la vie d'un arbre. Le petit arbre malade meurt, il peut être entouré d'autres arbres, mais chacun a un rôle bien défini à jouer dans la vie, chaque arbre est exceptionnel, tout comme toi, il est exclusif.
7. La personne qui va mourir peut être comparée à une chenille et ses amis. Un jour, la chenille sent le besoin de s'éloigner de son monde familier. Elle s'isole et se fait un cocon où elle se retire de la vue des autres chenilles. De l'extérieur, le cocon paraît terne et immobile: rien ne laisse présager les transformations physiologiques se produisant à l'inté-

rieur. Mais après un certain temps, un magnifique papillon surgit et s'envole dans le ciel. La chenille s'est transformée dans une vie nouvelle, plus libre, elle est dotée du pouvoir de voler qu'elle n'avait pas auparavant. Si les autres chenilles sont complètement ignorantes de la métamorphose et qu'elles ne reconnaissent pas leur amie dans ce nouvel être, il n'en reste pas moins qu'elles seront toutes soumises au même destin.

8. Demandez à votre enfant de s'arracher un cheveu. Il sentira que cela fait mal. Expliquez-lui que c'est parce que la racine des cheveux est vivante. Maintenant, faites-lui prendre le même cheveu et demandez-lui de le tirer jusqu'à le briser. Faites-lui remarquer qu'il n'a plus mal parce que le cheveu est mort. Il ne sent rien, sauf lorsqu'il arrache la racine qui, elle, est vivante.

La maladie est contrôlée mais la vie continue avec Pierrot

Période de rémission: l'enfant retourne à la maison, il peut aller à l'école, continuer à passer des tests d'hématologie de routine. Tout semble aller pour le mieux. On essaie de ne plus parler de la maladie pour ne pas prononcer le mot cancer ni le mot leucémie.

Maman:
- a de la difficulté à dormir;
- est anxieuse;
- va voir la nuit si l'enfant dort;
- le coeur serré pleure en cachette.

Papa:
- est plus songeur au travail;
- son caractère change;
- a plus de difficulté à exprimer ses émotions (colères, peines et déceptions)

L'enfant:
- se sent inquiet;
- surprotégé;
- sent que le milieu familial n'est plus le même.

Puis c'est la rechute, l'hospitalisation: on essaie de nouveaux traitements, des dosages plus élevés de médicaments.

Vient ensuite une période d'acceptation: rencontre avec la famille et le spécialiste pour se rendre à l'évidence que la maladie suit son cours et qu'il n'y a pas d'espoir de guérison.

Comment aider l'enfant à moins souffrir:

- Vérifier si tous les besoins de base sont comblés;
- Que le lit soit propre, la taie d'oreiller fraîche;
- Qu'il y ait assez d'humidité dans la chambre;
- Que la chambre soit toujours bien éclairée et qu'il y ait toujours une veilleuse la nuit;
- Qu'il y ait des couvertures chaudes, car souvent les extrémités des membres sont froides;
- Avoir une médication régulière est préférable à une posologie au besoin.

Le décor de la chambre est très important pour le moral du patient. Les objets familiers comme les photos de famille, ses dessins, ses articles de toilette personnels, tout ceci peut aider à le réconforter pour qu'il se sente un peu comme chez lui. Il faut répondre à ses questions pour éviter de créer davantage d'anxiété. On peut l'aider par des exercices de relaxation à faire avec lui.

L'enfant sent que la mort est proche

Il a cessé de se battre. La famille est près de lui. On peut lui tenir la main, lui dire à quel point on l'aime. Qu'il a été important dans notre vie. Lui demander ce qu'il veut qu'on fasse pour lui et être à son écoute. Après l'agitation de sa maladie, le moment de sérénité est venu. Si vous êtes calme et que vous avez combattu à ses côtés, que vous avez été franc et honnête avec lui, l'enfant le sentira, il partira serein et il vous encouragera même. Il ira même jusqu'à dire: «Il ne faut pas que tu aies de la peine à cause de moi.» Si vous l'aidez à bien vivre sa mort, vous pourrez mieux assumer votre deuil. Si, au contraire, vous n'avez pas assumé sa maladie, il se sentira coupable de cette situation, parlera peu de ses craintes et partira seul, c'est-à-dire qu'il attendra que les parents s'absentent de la chambre pour mourir.

Il meurt comme il a vécu sa vie, sa maladie.

Plus tu aimes quelqu'un, plus sa perte te fait mal. Mais cet état t'amène aussi à réaliser à quel point tu pouvais l'aimer...

Pour aider les enfants à faire face à la mort

Le chagrin des enfants

Quand un enfant perd un être aimé, il éprouve du chagrin comme un adulte même s'il n'est peut-être pas capable d'en parler. Il se peut qu'il refoule ses sentiments ou qu'il les exprime par son comportement. Il n'a peut-être pas l'air d'avoir de la peine mais il en a. Et parfois, cette peine est très profonde.

Parents ou professeurs, nous cherchons souvent à éviter tout chagrin aux enfants. Si nous éprouvons nous-même de la difficulté à faire face à la mort, nous nous demandons comment un jeune enfant peut le faire. Aussi sommes-nous portés à exclure les enfants, à les isoler. Nous les abandonnons à eux-mêmes, aux questions qu'ils se posent au sujet de la mort. Par conséquent, bien des enfants, confrontés à la perte d'un être cher, sont désorientés, se sentent seuls et abandonnés.

La façon dont l'enfant apprend à réagir devant la mort influencera directement ses réactions futures dans les mêmes circonstances. Si nous-mêmes, en tant qu'adultes, prenons le temps de partager leurs émotions, par exemple lorsqu'ils perdent un animal qu'ils aiment, ou de leur parler de la mort lorsque le cas se présente, à l'occasion d'une lecture ou d'une émission de télévision, nous les aidons à se préparer à faire face à la mort d'un être cher lorsqu'elle se produira.

Quelques traits de comportement d'enfants qui ont de la peine

Les enfants réagissent de diverses façons devant la mort. Certains auront plusieurs des réactions décrites ci-dessous, d'autres n'en auront que quelques-unes. Certains réagiront immédiatement, d'autres, à retardement.

Refus, négation
«Maman n'est pas vraiment morte.» Quand un enfant retourne immédiatement à ses jeux ou se met à rire sans raison, cela ne veut pas dire qu'il n'éprouve aucune émotion mais simplement que cela est trop difficile à supporter.

Colère, hostilité
«Comment ont-ils pu mourir et me laisser ainsi tout seul?» «Pourquoi papa et maman ne se sont-ils pas mieux occupés de mon petit frère?» «Pourquoi Dieu a-t-il laissé mourir mon ami?»

Culpabilité
«Si je n'avais pas été une si vilaine petite fille, ma maman ne serait pas morte.» «J'étais fâchée contre mon frère. C'est pour cela qu'il est mort.»

Affolement
«Qui est-ce qui va s'occuper de moi maintenant?»

Excès de dépendance
«Ne me laisse pas, maman.» «Oncle David, est-ce que tu m'aimes autant que papa m'aimait?»

Malaises physiques et anxiété
«Je ne peux pas dormir.» «Je me sens malade comme ma sœur avant qu'elle meure.»

Idéalisation
«Grand-papa était parfait.»

Affectation, maniérisme
«N'est-ce pas que je parle comme papa?»

Explications courantes qui peuvent troubler l'enfant

Certaines explications que nous donnons aux enfants peuvent rendre son chagrin encore plus lourd à porter ou lui causer des difficultés plus tard dans la vie.

Ta maman est partie pour un long voyage. «Alors pourquoi tout le monde pleure-t-il?» «Pourquoi elle n'a pas dit au revoir?» «Je pensais que les vacances étaient faites pour s'amuser.» «Papa, s'il te plaît ne t'en va pas.»

Ta tante était malade et elle a dû aller à l'hôpital. «Si je tombe malade est-ce que j'irai à l'hôpital et mourrai aussi?» «Je ne veux pas que ma sœur aille à l'hôpital pour se faire opérer.» «Le médecin est méchant. C'est lui qui a fait mourir tante Suzanne.»

C'était la volonté du bon Dieu. Il s'ennuyait et

avait envie de voir ton frère. Ton frère était si bon que le bon Dieu le voulait auprès de lui dans son ciel. «Je m'ennuie de mon frère. J'ai besoin de lui plus que le bon Dieu. Dieu est méchant.» «Si Dieu veut les gens bons, je vais être aussi méchant que je suis capable de l'être. Je ne veux pas mourir.»

Ton grand-père s'est endormi. «Je ne veux pas aller me coucher.» «Je vais me tenir éveillé toute la nuit pour ne pas mourir.»

Quelques façons d'aider les enfants à faire face à la mort:

- Être direct, simple et sincère. Expliquer les choses comme elles se sont passées;

- Encourager l'enfant à exprimer ouvertement ses sentiments. Pleurer est normal et fait du bien;

- Accepter les émotions et les réactions de l'enfant. Ne pas lui dire comment il devrait ou ne devrait pas se sentir;

- Être chaleureux, physiquement présent et affectueux;

- Partager ses propres émotions avec l'enfant. Lui permettre de nous consoler;

- Être patient. Comprendre que l'enfant a besoin de savoir comment cela s'est passé et qu'il a besoin de poser et reposer les mêmes questions;

- Rassurer l'enfant, lui faire comprendre que la mort n'est pas contagieuse, que la mort de quelqu'un ne signifie pas que l'enfant ou d'autres personnes aimées vont mourir bientôt;

- Maintenir l'ordre, la stabilité, la sécurité dans la vie de l'enfant;

- Écouter ce que dit ou demande l'enfant. Lui répondre conformément à ses besoins;

- Permettre à l'enfant de prendre certaines décisions au sujet de la participation aux funérailles, comme la visite au salon funéraire, les funérailles elles-mêmes, la réception après les funérailles. Veiller à bien lui expliquer d'avance ce qui va se passer.

Si on montre à l'enfant qu'on l'aime et qu'on fait preuve de patience envers lui, il sera plus en mesure de passer à travers sa période de chagrin et de s'ajuster à la vie qu'il aura à mener sans la personne qu'il aimait.

L'expérience de la mort

La place de la mort dans la vie quotidienne

À l'intérieur de notre vie contemporaine, nous avons tellement amélioré nos systèmes de communication, que peu de choses échappent à notre attention. Nous sommes avertis des événements heureux ou malheureux survenus à des milliers de kilomètres et ce, au moment même où ils se produisent. Les programmes de télévision et de radio sont interrompus, de telle sorte que nous ne pouvons ignorer l'écrasement d'un avion à l'autre bout du monde. Puis, l'émission reprend son cours et rares sont ceux qui sont troublés par de tels événements. Cet envahissement de l'information a énormément augmenté notre potentiel de conscientisation. Il est cependant paradoxal de constater qu'au moment où notre conscience potentielle est plus élargie, nous avons d'autant plus évité les expériences qui font que nous aurions été confrontés à la mort. L'abattage des animaux pour la consommation, auparavant une expérience commune et journalière, est maintenant faite pour nous et surtout loin de nous, dans un endroit spécialisé que nous n'avons probablement jamais visité et auquel nous n'avons pas accès. Les malades vont à l'hôpital, les vieillards, dans les centres d'accueil, hors de notre vue. Nous cachons non seulement la mort, mais également les préparatifs des funérailles et des enterrements.

Un autre aspect de l'envahissement de l'information moderne fait que la mort nous est rapportée en termes froidement statistiques, ou elle est si camouflée qu'elle ne réussit plus à nous affecter en tant que réalité. Après avoir vu tant d'Indiens «mordre la poussière», l'enfant perçoit la mort comme un jeu et non pas comme une mort et encore moins celle d'une personne, d'un individu. Staline disait: «Un million de morts, c'est de la statistique mais la mort d'un individu est une tragédie.» Pensons seulement aux millions de morts qui nous sont présentés dans les films, à la télévision et dans les journaux. L'étendue de la famine au Bengladesh, au Cambodge ou en Inde est trop lourde à porter et à supporter, alors nous regardons ailleurs, nous envoyons des vêtements ou nous donnons 25¢ de plus à la quête du dimanche.

Par le passé, la mort faisait davantage partie de l'expérience directe de chacun. Si une femme voulait un poulet pour le dîner et vivait dans une ferme, elle allait dans la basse-cour, en attrapait un, le tuait, le nettoyait et le faisait cuire. L'autre alternative était de demander à un des enfants de le faire ou tout simplement de se passer de poulet. En ville, à cause du manque de réfrigération, on vendait les poulets vivants puisque c'était le seul moyen de les avoir frais. L'acheteuse en choisissait un et le vendeur le tuait et le préparait devant elle. La réfrigération a permis que ce type d'activité disparaisse de notre vue. Aujourd'hui, la plupart des fermiers envoient leurs animaux à l'abattoir où des techniques modernes et efficaces sont utilisées; les animaux sont ensuite congelés. Ainsi, l'abattage qui était, à une certaine époque, un événement courant et, pour l'homme, un contact avec la mort, est maintenant centralisé et hors de notre champ d'expérience.

Le taux de natalité était plus élevé au début du siècle qu'au cours du «Baby Boum» après la Deuxième Guerre mondiale. Moins de la moitié des bébés nés au tournant du siècle ont atteint l'âge de 15 ans. Ainsi, la plupart des familles étaient fréquemment exposées à la mort à cause de la combinaison des taux élevés de natalité et de mortalité. De plus, si nous considérons la nature de la famille à cette époque, les membres de la famille vivaient à proximité les uns des autres — famille élargie — et ceci multipliait d'autant l'expérience de la mort. La confrontation avec la mort d'un proche ou d'une connaissance était ainsi beaucoup plus fréquente.

Dans le passé, les confrontations avec la mort étaient aussi beaucoup plus directes qu'elles ne le sont aujourd'hui. Lorsqu'un membre de la famille mourait, la famille s'occupait elle-même de la préparation du corps, construisait le cercueil et creusait la tombe. Le corps était exposé dans le salon familial. Lorsque les parents et amis partaient après la soirée, il était naturel pour chacun de dormir dans sa chambre, alors que le corps de la personne aimée reposait dans le cercueil, de l'autre côté du mur. Même lorsque les services funéraires devinrent plus communs et plus nombreux, le corps était encore exposé à la maison, mais l'embaumement était fait à l'extérieur et le cercueil, acheté.

L'étudiant moderne peut penser que ce genre de pratique funéraire familiale est loin dans le temps. Cependant, elle existait encore dans les années trente. En fait, le nom de *salon funéraire* provient de cette pratique qui voulait que les corps soient exposés dans le salon familial. Jusqu'aux 20 ou 30 dernières années, c'était davantage perçu comme un substitut, plutôt que la «meilleure façon» d'effectuer des funérailles.

La courte histoire de D.H. Lawrence, *Odeur de chrysanthèmes,* nous amène à expérimenter la confrontation directe avec la mort à travers les pensées de la veuve d'un mineur anglais. L'intrigue de l'histoire est centrée sur l'attente d'abord anxieuse de son mari tardant à rentrer du travail. Son anxiété se change peu à peu en colère car elle croit, puisqu'aucun signal d'alarme n'a été donné (ce qui aurait signifié une catastrophe à la mine), que son mari est tout simplement allé à la taverne et qu'il arrivera soûl à la maison. Plus le temps passe, plus elle est furieuse. Mais la vie suit son cours: «... *pendant une heure ou plus, les enfants jouent, lorsque soudainement attentifs, faisant fonctionner leur imagination fertile, deviennent apeurés par la colère de leur mère et craignent le retour de leur père. Mme Bates est assise dans sa chaise berçante... (cousant)... Elle travaille énergiquement à sa couture et sa colère s'apaise d'elle-même.»*

Plus tard, alors qu'elle se prépare à mettre les enfants au lit, se petite fille est bouleversée par le fait que son père n'est pas rentré à la maison. La mère la fait taire en lui disant: «Ne t'en fais pas, ils vont le ramener tantôt, soûl comme une bûche.» Elle entendait par là

qu'il n'y aurait pas de scène. «Et il dormira sur le plan-
cher tant qu'il ne s'éveillera pas de lui-même. Je sais
bien qu'il ne travaillera pas demain après ça.» Ces pa-
roles s'étaient avérées prophétiques: en effet ils le ra-
menèrent lourd comme une bûche, mais plutôt mort
que soûl. Il y avait effectivement eu un accident à la
mine, mais qui n'impliquait que lui et c'est pourquoi le
sifflet n'avait pas sonné l'alarme. Il avait suffoqué sous
une avalanche de poussière de charbon. Il était noir de
suie, mais son corps n'était guère abîmé. Les hommes
laissèrent le corps sur le plancher du salon à la de-
mande de la nouvelle veuve. La veuve et sa belle-mère
procédèrent alors à la toilette du corps, puis déposèrent
celui-ci sur le divan, avec quelque difficulté, afin qu'il
soit bien exposé. Au moins, c'était terminé. Elles le cou-
vrirent d'un drap, puis fermèrent à clef la porte du pe-
tit salon, pour ne pas que les enfants le voient. Ensuite,
avec cette paix pesant lourdement sur son coeur, la
veuve vint mettre de l'ordre à la cuisine. Elle se savait
soumise à la vie, son maître immédiat, mais elle tres-
saillait de peur et de honte devant la mort, son maître
ultime.

Combien de lecteurs modernes pourraient croire que cette femme a reculé devant la mort: plusieurs verraient son geste comme un acte de bravoure incroyable, d'autant plus qu'elle était presque au terme de sa grossesse.

Aujourd'hui, nous ne sommes plus confrontés aussi directement à la mort et de toute façon nous ne serions plus capables de nous comporter aussi naturellement que cette femme et sa belle-mère. Pour certains, aller au salon mortuaire est assez difficile et organiser des funérailles, presque insupportable. Alors qu'aujourd'hui la mort fait moins partie de notre vie quotidienne, celle-ci est maintenant tellement éloignée et artificielle, que nous pouvons avoir considérablement perdu notre habileté à négocier avec elle directement et ainsi nous déléguons aux autres toutes les tâches qui y sont reliées.

Les enfants d'aujourd'hui, contrairement à ceux d'hier, peuvent avoir moins peur de la mort puisque celle-ci touche presque entièrement les personnes âgées. Un jour, un suppléant dans une école secondaire juive, parlait de funérailles. Seulement un des 70 enfants présents a mentionné avoir déjà assisté à des funérailles. Bien que cet échantillon ne soit pas spécifique, il est probablement vrai que plusieurs personnes ne sont presque jamais allées à des funérailles. Cette situation n'est pas uniquement due à la baisse du taux de mortalité, mais au fait que les parents croient, à tort, «protéger» leurs enfants en ne les emmenant pas aux salons funéraires ni aux enterrements.

Le taux de mortalité chez les jeunes de 15 ans et moins est passé de 15% vers 1900 à 5% aujourd'hui. Les différentes générations, actuelles et futures, démontrent des différences notables de conceptualisation et de réactions face à la mort et ce, à cause des origines de plus en plus différentes de la mort. Un texte sur le vieillissement ne peut occuper une grande place dans les idées ou les expériences des jeunes face à la mort, mais la discussion précédente tient aux différences entre la génération actuelle des personnes âgées et celles à venir.

À la lumière du fait que la mort est de plus en plus associée aux personnes âgées, il est étonnant de constater le peu d'attention qui a été porté aux changements de conceptualisation relatifs à la mort et qui sont maintenant associés au vieillissement. Les travaux sur la mort et la vieillesse tendent à se concentrer sur les peurs et les anxiétés face à la mort mais aucune étude ne s'intéresse aux changements survenus dans la façon dont la mort est conceptualisée. Le sens de la mort pourrait être un des plus importants sujets à étudier sous l'angle d'une compréhension des réactions face à la mort de même que des peurs qui y sont reliées.

Erikson (1963) présente, en tant que dernier stade ontogénétique l'intégrité du Moi contre l'aliénation ou l'habileté à accepter, et la mort imminente de quelqu'un d'autre et la sienne propre. Ceci, d'une certaine façon, est similaire au concept du stade final de la mort tel que présenté par Kubler-Ross (1969). Par ailleurs, l'écrivain Dylan Thomas conseille de se battre, plutôt que d'accepter. «Do not go gentle into that Good Night. Rage, rage against the dying of the light...»

Changements dans les causes de décès et de l'étendue de la vie

À mesure que les gens vieillissent, ils meurent pour différentes raisons. Comme Charcot (1967) l'a d'abord établi, il y a certaines maladies contre lesquelles les personnes âgées semblent complètement immunisées, alors que d'autres les atteignent plus sérieusement (simplement parce que la personne plus âgée récupère plus difficilement sans effets secondaires importants). Finalement, certaines maladies qui semblent toucher plus spécialement les personnes âgées n'apparaissent que rarement chez les jeunes. Un jour, peut-être la médecine gériatrique réussira-t-elle à soigner les malaises chroniques et les maladies particulières aux personnes âgées, de la même façon que la médecine a grandement aidé à combattre les maladies infectieuses et autres qui, auparavant, tuaient les jeunes.

Mort et mourir en tant qu'idées et événements

Pensez un moment à la façon dont nous utilisons le mot *mort* dans nos conversations quotidiennes. Par exemple, lorsque nous allons dans un party ou dans un endroit ennuyant, nous disons que c'est *mort,* qu'il n'y a pas de vie là. Nous disons également souffrir *mille morts* lorsque nous ressentons une grande douleur, *avoir la mort dans l'âme* quand nous sommes tristes ou encore nous parlons d'*une ville morte* lorsque celle-ci est sans animation. Les exemples s'accumulent: nous parlons d'*angle mort* lorsqu'il s'agit d'une zone sans grande visibilité d'un certain point de vue, *ne pas y aller de main morte* dans le sens d'exagérer; *mourir de rire, mourir de faim, ces enfants me font mourir,* c'est-à-dire m'exaspèrent, etc.

Paradoxalement, nous utilisons le mot mort pour décrire plusieurs situations des plus vivantes, alors que nous essayons de représenter la mort sans mentionner ce vocable. Le crâne et les deux os croisés, les squelettes, la faucheuse sinistre, les quatre cavaliers de l'Apocalypse ne sont que quelques-unes des images représentant la mort comme objet (en fait en tant que force); peut-être parce qu'il est très difficile de la manipuler ou de la contrôler. Nous ne pouvons certainement pas demander à quelqu'un en quoi consiste cette expérience qu'est la mort (même si le public est bien disposé à accepter les films et les livres concernant les personnes décédées puis réanimées).

De plus, nous avons certaines difficultés de différenciation entre la mort et la non-mort ou la vie et la non-vie. Cette distinction est difficile à faire non seulement en termes de présence ou d'absence, mais en termes de dimensions, à savoir les dimensions psychologique, sociale et physique (Kastenbaum-Aisenberg, 1972).

Commençons par examiner la mort psychologique et, en partant de là, par faire quelques propositions au sujet de son application particulière aux personnes âgées. Il y a au moins trois formes de mort psychologique. Il en est une qui nous est complètement étrangère, soit la mort psychologique expérimentée par les survivants de l'attaque à la bombe atomique de Hiroshima et de Nagasaki en 1945, lors de la Deuxième Guerre mondiale. Ces survivants ont été surnommés hikobusha, et on dit d'eux qu'ils portent, en quelque sorte, la mort en eux (Lifton, 1968). Leur expérience de la mort fut tellement envahissante qu'ils en sont complètement submergés et sentent sa présence comme une partie intégrante d'eux-mêmes. Lifton (1968) et d'autres, ne se réfèrent qu'aux survivants d'Hiroshima, mais il est probable que les survivants de Nagasaki aient un vécu similaire, comme il en serait de même pour n'importe quel groupe de personnes ayant expérimenté un tel instant d'intensité et de proximité avec la mort, par exemple celles qui ont survécu à une éruption volcanique soudaine.

Cette immédiateté dont il est ici question n'est pas la même pour les personnes âgées, mais le sentiment de culpabilité du survivant est certainement semblable et revêt une grande importance pour plusieurs d'entre elles. Elles ont survécu à nombre de personnes aimées et étrangères. Notre expérience de la mort est largement condensée dans la dernière moitié de notre vie. Bien que nous ne voulions pas comparer la différence d'ampleur des deux situations, il n'en reste pas moins que les sentiments de certaines personnes âgées et de celles ayant vécu l'expérience de Hiroshima peuvent être semblables. Avoir 70 ans, c'est comme vivre sur un champ de bataille et regarder ses amis mourir tout en sachant que son tour viendra bientôt.

La deuxième forme de mort psychologique, est celle où nous sommes confrontés à quelqu'un qui n'est pas psychologiquement présent. Les personnes psychotiques ou démentes nous paraissent étranges et inhumaines d'une certaine façon ou, pour rappeler les images des anciens films d'horreur, elles sont semblables à des «morts ambulants». Leur regard est vide et elles sont difficiles à comprendre. La démence et la psychose se rencontrent beaucoup plus fréquemment chez les personnes âgées que chez les jeunes, et c'est donc dire que la mort psychologique est beaucoup plus présente dans leur existence et leur expérience et, par extension, elle colore notre expérience à leur contact.

Une troisième forme de mort psychologique: quelqu'un est dans une situation telle que son Moi est complètement aliéné (un peu comme dans un rêve). Être isolé ou interné dans une institution est plus courant chez les personnes âgées et ceci peut contribuer à une forme de mort psychologique qui est l'une des faces non-créatrices et stériles de la solitude.

Outre la mort psychologique existe la mort sociale. D'une certaine façon, il s'agit là d'une permutation ou d'une autre façon de voir la forme finale de la mort psychologique mentionnée plus haut. Lorsque la famille de quelqu'un de connu déménage, lorsque les pairs meurent, lorsque l'environnement familier disparaît à la suite d'un développement urbain, la personne âgée peut se sentir aliénée. Étant donné que les rôles actifs sont forcément retirés aux personnes âgées, celles-ci sont laissées avec peu de structures et peuvent développer des sentiments d'«anomie». Ces sentiments de vide peuvent amener la personne à sentir qu'elle ne fait plus partie de son environnement immédiat. La mort sociale est probablement la plus extrême (radicale) dans les cas d'ostracisme informel (institutionnalisation) ou formel (communication).

Finalement, survient la mort physique. Tout comme pour l'âge chronologique, cet aspect de la mort est d'une simplicité trompeuse. En effet, les critères de mort physique ne sont pas aussi simples, ni aussi concrets qu'on voudrait bien le croire de prime abord. Le moment de la mort physique a fait l'objet de débats juridiques et législatifs. L'absence de respiration, l'arrêt des battements cardiaques et le réflexe pupillaire ne sont plus aujourd'hui des indices formels. La mort est devenue très complexe à déterminer étant donné les différentes possibilités d'enregistrements physiologiques; ainsi, la définition juridique de la mort repose maintenant sur les ondes cérébrales. Le critère de mort le plus universellement reconnu est sans doute l'absence d'ondes à l'enregistrement de l'EEG (électroencéphalogramme) pendant une certaine période de temps; d'où l'appellation de «mort cérébrale». La technologie moderne a rendu inopérants les anciens indices de mort depuis qu'il est possible de ranimer les personnes dont la respiration s'est arrêtée aussi bien que celles dont le coeur ne bat plus. Les coeurs et poumons artificiels peuvent maintenir en vie pendant une période de temps indéfinie, même en l'absence de plusieurs signes vitaux utilisés antérieurement pour déterminer la mort.

En résumé, ni un critère isolé, ni un ensemble de concepts ne peuvent complètement saisir la nature complexe, multi-dimensionnelle de la mort. Les attitudes envers la mort varient selon la culture, mais également selon l'âge.

Riley et Foner (1968) démontrent également qu'il existe une relation significative entre deux visions négatives de la mort:
- la mort vient toujours trop tôt;
- mourir c'est souffrir.

L'exactitude de ces deux points de vue de la mort diminue en proportion du haut niveau d'éducation, mais cette relation n'est pas consistante avec l'âge.

La mort peut aussi être vue comme une force qui affecte nos vies et qui peut être affectée par les événements que nous vivons. Par exemple, le taux de mortalité au cours de la première année suivant la mort du conjoint demeure élevé durant quatre ans pour les hommes. On remarque également un déclin dans la performance intellectuelle avant la mort et ce, même en l'absence de symptômes physiques notoires.

Lieberman (1965), utilisant deux tests d'évaluation psychologique standard, soit le «Draw-a-Person» et le «Bender-Gestalt», a démontré qu'il y avait une différence significative entre les scores obtenus par un groupe où les personnes étaient mortes entre une première application des tests et un deuxième testing, et ceux d'un groupe où les personnes ont survécu. Tout se passe comme si une certaine force vitale reliée à l'énergie du Moi et à son intégrité était épuisée avant la mort, tel que mis en évidence par la faible performance aux tests des personnes décédées par la suite.

Un autre aspect de la mort, c'est le rituel qui l'entoure et qui y est associé et qui est en grande partie déterminé culturellement. Dans la culture chrétienne de l'ouest de l'Europe, le rituel autour de la mort implique immanquablement une veillée (appelée «tournée» ou «réunion» dans les États-Unis du centre-ouest), où le corps est exposé dans un salon funéraire et le cercueil ouvert autant que possible. Les parents et amis viennent offrir leurs condoléances pour une période allant habituellement de un à deux jours. Des pratiques religieuses, de même que des prières ont lieu durant les veillées. Les personnes âgées se retrouvent souvent dans les salons mortuaires car elles-mêmes et leurs semblables font partie d'un groupe à taux de mortalité élevé.

Agenouillé devant un visage de cire
Ils me disent que c'est toi
Que ces mains sont les tiennes
Tenant le rosaire
Et «dug» la terre:
Ils plantèrent des carottes au printemps
Et ils m'ont dit que ces rondeurs rigides
Sous ce nouvel habit flambant neuf
Étaient ces mêmes épaules sur lesquelles je suis monté.
Je suis passé parmi les croque-morts dans cette allée,
Mettant de côté la nourriture morte de ton portefeuille
Comme s'ils pourchassaient un chien au bord de la route
À la lumière du jour
Mais ils dirent qu'ils planifiaient les places pour s'asseoir,
Pour ces longues autos noires
Demain chacun pleurera
Et ensuite reviendront chez moi pour manger.

Michel Largo

Tel que mentionné plus haut, la place de la mort a changé. Nous avons relégué la mort aux hôpitaux. Au moment du puritanisme, lorsqu'une personne était mourante, on convoquait la famille à son chevet. Maintenant, on demande le plus souvent à la famille de sortir de la chambre. Une croyance folklorique prétend qu'il est préférable de mourir les bottes aux pieds plutôt qu'à l'hôpital où l'environnement est physiquement, spirituellement et psychologiquement aseptisé. Ce sentiment est rapporté dans le poème suivant:

Old Men's Ward

Maintenant que nous sommes civilisés, les hommes âgés meurent
dans l'anonymat blanc et formel;
lit après lit, tous défaits, ils reposent
sans rien de familier à voir ou à toucher
Réveillés trop tôt, bordés trop tôt,
nourris d'une diète de bébé, molle et sans goût
leurs derniers jours s'écoulent goutte à goutte (du verre à la cuillère?)
dans une quiétude chronométrée, ennuyeuse et antiseptique

Pleurez sur eux et non sur le vieil homme trouvé mort
tout habillé dans sa vieille cabane,
accompagné seulement de son vieux chien de chasse
dont les hurlements ne le ramenèrent pas.
Épargnez-lui la pitié, il est parti intègre
Épargnez-lui la pitié, son âme ne l'a pas quitté.

Elma Dean

Alors qu'il est parfois difficile de différencier la mort de l'état contraire, la *vie,* le processus de *mou-*

rir est un problème encore plus difficile à clarifier. Certains croient que la mort est le dernier stade de la vie. Le modèle le plus populaire concernant le processus de la mort est celui de Kubler-Ross (1969). Alors que la popularité générale de sa théorie de stades est plutôt élevée, la critique professionnelle semble augmenter (Schneidman, 1973). Son modèle implique cinq stades. Le premier stade est caractérisé par la dénégation et l'isolation, et la personne se dit intérieurement: «Non, pas moi, ce n'est pas vrai!» Le deuxième stade est caractérisé par des sentiments mêlés de colère, d'envie et de ressentiment sous-entendus par la question psychologique suivante: «Pourquoi moi?» Ce stade est appelé «cochon» par Kubler-Ross parce que la personne agit comme un cochon égocentrique centré sur lui-même. L'auteur ajoute qu'il est important que l'entourage de la personne mourante ne se sente pas visé par ses commentaires: elle ne fait que réagir à son état. Le troisième stade est un stade de négociations au cours duquel le mourant implore Dieu de prolonger sa vie ou de diminuer sa douleur avec des promesses du type: «Si vous..., alors je vais...» et qui envahissent la conscience de la personne mourante. Le quatrième stade est un stade de dépression au cours duquel les personnes commencent à sentir qu'il est inutile de se battre. Il est caractérisé par une triste résignation, mais avec calme.

À cause de la popularité générale de ce modèle conceptuel, il est important de bien prendre le temps d'examiner soigneusement cette théorie et d'en souligner les lacunes. Une théorie de stades, comme celle de Kubler-Ross implique un modèle, une juste direction.

Une fois qu'un tel modèle existe, les déviations par rapport à celui-ci deviennent des faiblesses et l'étendue de la déviation est alors proportionnelle au degré d'échec. Les mourants et les personnes qui se soucient de la mort peuvent expérimenter des échecs si elles n'acceptent qu'une seule façon convenable de mourir, un seul et unique modèle. De telles déviations de la norme peuvent être fréquentes si l'on s'entend pour dire que la mort est une expérience individuelle et que, conséquemment, les gens peuvent s'écarter de n'importe quel modèle. Il est possible de s'écarter de ce processus si, par exemple, quelqu'un meurt avant le dernier stade. Cette situation est comparable au type d'échec de l'abandon scolaire pour quelqu'un qui ne complète pas le curriculum scolaire. Kubler-Ross peut avoir confondu état et stade. Il est possible que tous les mourants passent par toutes les étapes qu'elle a résumées, mais pas obligatoirement dans une telle séquence logique. Comme Schneidman (1973) le mentionne: «La limite de mon propre travail ne m'a pas conduit aux mêmes conclusions que celles de Kubler-Ross. En effet, même si, chez les mourants, j'ai pu observer des phénomènes tels que l'isolement, l'envie, le marchandage, la dépression et l'acceptation, je ne crois pas nécessaire qu'il s'agisse là des stades du processus de la mort et je ne suis pas du tout convaincu qu'ils soient vécus dans cet ordre ou pas plus que dans n'importe quel autre ordre, fut-il taxé d'universel. Ce qu'il m'a été donné de voir, est plutôt un regroupement complexe d'états intellectuels et affectifs, éphémères parfois, d'une durée d'un moment, d'un jour, d'une semaine, survenant, non pas à l'improviste, contre la chute de la personnalité entière de l'individu, de sa «philosophie de vie» (qu'il s'agisse d'un optimisme de base et d'une gratitude envers la vie, ou encore d'un pessimiste envahissant ou une attitude méfiante face à la vie).»

Nous ne remettons pas ici en question la sensibilité de Kubler-Ross envers les mourants, leurs familles et leurs amis, non plus que son statut d'innovatrice ou son humanité. Mais la nature de son modèle orienté en termes de stades, s'il est pris au pied de la lettre, peut nuire à la compréhension plutôt que la favoriser.

Il n'est pas nécessaire que le médecin dise aux patients qu'ils sont condamnés. Le patient pourrait l'apprendre par une infirmière, un parent ou en tirer la conclusion par les informations reçues quant à sa situation. Mais puisque c'est le médecin qui a l'autorité quasi absolue sur la situation relative à la mort, c'est aussi sa responsabilité de contrôler l'information et toute fuite ou retenue de ladite information relève de sa responsabilité. Nous nous entretiendrons plus longuement au sujet des patients et de la façon dont ils apprennent qu'ils sont condamnés lorsque nous discuterons plus loin des contextes entourant la prise de conscience.

La réaction inhérente à la nouvelle de la mort imminente est triste et l'individu doit réagir soit en ignorant totalement la nouvelle, soit en se sentant triste. Il est vrai que quelquefois le patient n'entend même pas le message qui doit être répété ou encore qui est mal interprété à travers une forme quelconque de distorsion. Il incombe au médecin ou à la personne qui doit informer le patient de sa situation, que le message ne soit pas seulement livré d'une façon humaine, mais aussi d'une façon suffisamment claire pour que les questions du patient reçoivent des réponses. La prochaine étape du processus est, ou bien la dénégation ou bien l'acceptation, la mauvaise interprétation étant considérée comme une forme de dénégation. Si l'individu nie la réalité, alors il demeurera dans cet état de dénégation jusqu'à l'ultime limite de l'acceptation ou jusqu'à ce que la mort survienne. Une fois que les gens acceptent la notion de leur mort, ils peuvent alors retourner à leur état de dénégation, commencer à faire des préparatifs en vue de leur mort, ou encore commencer à se battre contre la maladie. Les préparatifs peuvent être actifs et l'individu accomplit alors une ou plusieurs des choses suivantes:

- Revue philosophique religieuse ou non de la vie;
- Mettre en ordre ses affaires financières et sociales;
- Commencer à tenter de vivre pleinement avant de mourir;
- Se suicider activement par l'action directe ou passivement en ne suivant pas le régime recommandé, en ne prenant pas les médicaments prescrits ou en ayant une mauvaise alimentation.

Une personne peut tout aussi bien accepter passivement sa fin imminente avec une calme résignation, attitude probablement très semblable au dernier stade du modèle de Kubler-Ross. Le combat contre la maladie peut prendre trois formes:

- Vivre le moment présent;
- Consulter un charlatan ou essayer des traitements non reconnus;
- Se porter volontaire comme sujet d'expérimentations.

La personne qui vit pour le moment présent est, en ce sens, différente de celle qui choisit la troisième alternative, puisqu'elle tente de vivre et de tirer le plus possible de chaque moment qui passe plutôt que de «survivre» à chaque moment. Être à la recherche d'un charlatan n'est rien de plus, psychologiquement, qu'une tentative de trouver un certain espoir dans la situation. Participer à une expérimentation peut ne pas guérir la personne, mais constitue un souffle contre la maladie — une confrontation directe.

La réaction de toute personne à l'imminence de sa mort est déterminée par quatre éléments majeurs, à savoir:

- son histoire et ses caractéristiques personnelles;
- le contexte dans lequel la maladie apparaît;
- la trajectoire de la maladie;
- la nature de la maladie elle-même.

La plupart des personnes souffrent de réactions émotionnelles telles que la colère, la culpabilité, la honte, le chagrin en relation avec leur propre mort. Le chagrin est intense parce qu'on ne perd pas un seul être aimé, mais tous les êtres aimés (Kubler-Ross, 1968). Le personnel des services de santé et les membres de la famille devraient être particulièrement sensibles aux réactions émotionnelles de l'individu et réaliser que ce ne sont pas des réactions contre eux, mais plutôt contre son état (c'est-à-dire sa mort imminente).

Glazer et Strauss (1967) ont identifié six types de trajectoires de la mort:

- mort subite;
- attente brève;
- attente prolongée;
- sursis à court terme;
- sentence suspendue;
- «entry, re-entry».

Chaque trajectoire est associée à des réactions différentes. La mort subite ne permet ni à la victime, ni à la famille, de se préparer à une telle éventualité; il n'y a également aucune place pour une réaction de la victime. L'attente prolongée est la formule permettant davantage les réactions émotionnelles et constitue la trajectoire la plus fréquente chez les personnes âgées.

Le contexte dans lequel la maladie terminale apparaît, tout au moins vers la fin, est habituellement l'hôpital. Glazer et Strauss (1965) ont identifié, dans

175

les hôpitaux, quatre contextes divisés selon le degré et le type de conscience:

- conscience fermée;
- conscience soupçonnée;
- conscience prétendue mutuelle;
- conscience ouverte.

Nous parlons de conscience fermée lorsque ni le personnel, ni le patient et sa famille n'admettent que la mort approche, attitude rencontrée plus fréquemment à une certaine époque, mais heureusement, de moins en moins répandue. C'est ce type de conscience que Kubler-Ross (1968) décrivait lorsqu'elle débuta son travail d'innovatrice, lequel marqua profondément cette pratique, au point de l'évincer. Dans un contexte de conscience fermée, les indices, les lapsus et tout ce qui peut amener le patient à soupçonner quelque chose en rapport avec son état, en plus d'être cruels et injustes pour la plupart des personnes mourantes, peuvent causer des soucis inutiles à une personne et à sa famille qui ignorent tout, mais savent très bien qu'on n'informe pas les autres de leur mort prochaine.

La conscience prétendue mutuelle est la situation dans laquelle les deux parties évitent de parler du sujet qui pourtant est leur principale préoccupation, soit la mort imminente. La conscience ouverte se rencontre lorsqu'il n'y a pas de faux-fuyant concernant ce qui se passe. Cette ouverture de la conscience se rencontre probablement beaucoup plus souvent dans un type d'hospice où une approche humaniste est pratiquée.

Glazer et Strauss (1965) ont ensuite identifié cinq conditions menant à la situation où le patient n'a pas été informé de son état. La première condition dont nous avons discuté au début est le manque d'expérience. Non seulement les patients n'ont eu aucune expérience directe de la mort, mais leur contact avec la routine d'hôpital a été minime. Un deuxième facteur est que la plupart des médecins américains ne disent pas à leurs patients qu'ils vont mourir, pour quelque raison que ce soit, et mettent une barrière autour du sujet ou l'évitent systématiquement. Cette pratique a presque disparu depuis que les recherches ont démontré que les réactions négatives des patients lorsqu'ils apprennent qu'ils sont en phase terminale, sont rares. De plus, les hôpitaux sont ainsi organisés que, volontairement ou non, les infirmations sont gardées hors de portée des patients ou d'autres «intrus». Les familles ont aussi tendance à ne pas avertir le patient, ayant l'illusion qu'en ne le sachant pas, ses derniers jours seront plus heureux. En résumé, il apparaît que le mourant n'a pas d'allié pour l'aider à découvrir la vérité et le patient lui-même peut activement joindre le groupe, en essayant de protéger le secret et d'éviter les occasions lui exposant la vérité et ce, afin de se protéger contre ces informations.

Il est vrai que nous nous acheminons tous vers la mort depuis le moment de notre naissance et le fait que nous mourrons éventuellement est une chose assurée. Cependant, cette réalité est souvent loin de notre conscient. L'expérience de mourir renferme toutes les réactions subjectives face à la conscience du fait de sa propre mort et de l'imminence de celle-ci. Quelquefois, les gens ont une maladie qui les affaiblit ou les déforme sérieusement, de telle sorte que la plus grande partie de leurs réactions peut être en relation avec cet affaissement ou cette déformation.

Dans cette situation, la mort peut être espérée car elle mettrait fin à un chapitre déplaisant de la vie, surtout lorsque le patient est très souffrant. Cependant, avec le progrès de la technologie médicale, les morts douloureuses deviennent moins fréquentes. La plupart d'entre nous mourrons d'une maladie chronique au cours de laquelle nous serons peut-être conscients de l'imminence de notre mort. Dans ces circonstances, il est important de reconnaître l'influence des facteurs naturels environnementaux (ex.: comment nos parents réagissent à nous) sur nos sentiments ainsi que les grandes différences individuelles des réactions face à l'imminence de la mort.

Réflexions sur l'angoisse

Angoisse du mourant

L'angoisse est presque constante mais souvent inexprimée. L'angoisse peut être déclenchée par l'attitude du médecin, des soignants, de la famille ou par une certaine prémonition. L'angoisse augmente la nuit: l'équivalence mort-nuit ou mort-sommeil est présente chez tous. Hypnos et Thanatos (sommeil et mort) sont les deux fils de la nuit dans la mythologie grecque.

C'est pour lutter contre cette angoisse que le mourant se crée des mécanismes de défense tels que:

La régression

Le malade régresse et se conduit comme un enfant. Il est exigeant, appelle sans arrêt dès qu'on s'éloigne. Il a besoin d'une présence (présence maternelle?). Il est fréquent que le mourant appelle sa mère avant de mourir.

Le repliement sur soi

Le malade donne l'impression de vivre dans un monde à part. Il ne manifeste plus d'intérêt pour ce qui se passe autour de lui. Il ne veut plus parler, désire rester seul et en paix. Il refuse de voir sa famille, refuse tout traitement et parfois toute nourriture.

La négation

Le malade nie sa maladie. Il occulte les informations, minimise son mal en disant: «C'est grave, peut-être, mais je m'en sortirai.»

Angoisse de la famille

La famille ressent cette angoisse de la mort et essaie de la cacher au malade. Elle supporte toutes les agressivités, toutes les «humeurs» du mourant:

- Parfois, l'entourage, inconsciemment, fait comme si le sujet était déjà mort: ceci est une réaction de défense de sa part de façon à moins souffrir par la suite.

- La famille est parfois agressive envers le médecin ou l'équipe hospitalière qui ne guérit pas et impose des souffrances jugées inutiles.

- Des situations se créent parfois où l'angoisse est trop intense; les proches évitent alors, le plus possible, de rester au chevet du mourant.

Angoisse de l'équipe soignante

- Lorsque l'équipe voit un malade mourir, il y a une certaine culpabilité qui entraîne l'angoisse et un sentiment d'impuissance. Ces sentiments sont beaucoup plus forts lorsqu'il s'agit de la mort d'un enfant.

- Cette angoisse peut amener les membres de l'équipe à pénétrer le moins possible dans la chambre du mourant, à éluder les questions, à faire rapidement les soins strictement nécessaires.

- L'angoisse est aussi ressentie face à la famille. Certains ont envie de fuir, d'autres «rasent les murs», comme pour se cacher. On fuit le regard de «l'autre», regard qui implique une relation, regard de malade ou parent, insoutenable.

Les besoins du malade mourant

Les besoins fondamentaux

Hygiène et confort

L'image de soi est «cassée», dévalorisée. Elle est faite d'incapacité, d'impuissance, d'extrême dépendance. Aussi, le rôle de l'équipe soignante est-il de maintenir jusqu'au bout chez le mourant une apparence soignée, de l'aider plus ou moins selon son état. On mettra l'accent sur l'hygiène bucco-dentaire qui assure au malade un bien-être certain.

L'apparence extérieure est importante pour:
- le malade lui-même;
- la famille qui lui rend visite;
- le personnel qui le soigne.

Le confort est primordial pour ces malades. Il faudra veiller à les changer de position, mettre des draps frais, faire des massages, à demander à la famille du linge propre pour des changements fréquents.

L'alimentation

Il faut le plus longtemps possible assurer une alimentation équilibrée par voie orale. Selon l'état du malade, on donnera des aliments frais et faciles à ingérer:

- potages ou repas léger, mixé;
- fruits cuits, compotes ou yaourts.

Il faudra veiller à l'hydratation, selon les désirs du patient: jus de fruits, lait, café, alcool.

En dernier ressort, on aura recours à l'alimentation parentérale.

Élimination

C'est un point très important à surveiller. Le personnel doit avoir une attitude compréhensive si le malade se souille. Après avoir éliminé les troubles sphinctériens d'origine organique, l'énurésie et l'oncoprésie peuvent avoir diverses significations dont la plus courante est l'état de régression à un stade très archaïque. C'est un moyen de défense contre l'angoisse. Dans ce cas, le malade fait une demande indirecte de maternage, se plaçant, lui, dans le rôle de l'enfant, la soignante dans le rôle de la mère, le médecin dans celui du père.

Respiration

Veiller à prévenir les troubles respiratoires en faisant des aérosols. Si le malade est très encombré, faire des aspirations douces, donner l'oxygène sur ordonnance médicale.

Repos

- Le mourant a besoin de calme. Il faudra éviter de faire du bruit autour de sa chambre. Calme ne doit pas signifier «silence de mort» qui est générateur d'angoisse.

- Le problème de l'isolement se pose. Doit-on mettre le malade seul dans une chambre? Dans le cas où il y a détérioration physique importante (par exemple cancer de la face); douleurs insoutenables avec cris et plaintes continuels, il est préférable d'isoler le mourant.

Mais souvent, il en résulte un abandon de la part du médecin et du personnel soignant qui n'est pas fait pour aider le sujet.

Le mourant a un besoin essentiel d'accompagnement

L'infirmier et l'aide-soignant doivent assurer une présence discrète; écouter le malade s'il s'exprime, rester silencieux s'il le désire, ne pas avoir peur de manifester sa sympathie par un contact physique (de la main du mourant).

Besoins spécifiques du mourant

Ils varient selon les pathologies. Après observation dans les services, j'ai pu constater que les efforts portaient sur les points suivants:

Maintenir un équilibre nutritionnel par:
- réhydratation avec apport vitaminique;
- alimentation par sonde gastrique;
- transfusions.

Maintenir un équilibre hydro-électrolytique par:
- perfusions.

Calmer la souffrance:
- C'est un point important. Le malade est soumis à tout un arsenal thérapeutique qui commence par des antalgiques, continue par des neuroleptiques sédatifs voire des antidépresseurs pour se terminer par des analgésiques.

- Comment trouver la dose «juste» qui permet au malade de supporter sa souffrance sans lui faire perdre sa lucidité? N'est-il pas plus facile pour les soignants de calmer que d'entrer en relation? En abusant de la morphine, ne vole-t-on pas sa mort au malade?

Besoins individuels du mourant

Besoin d'une présence humaine

- Le mourant ressent parfois une telle angoisse qu'il ne peut supporter la solitude. Il a besoin que quelqu'un l'écoute formuler ses craintes, ses regrets, ses espoirs. En l'absence de la famille, c'est à nous que ce rôle revient. L'infirmier et l'aide-soignant doivent manifester envers le malade attention, gentillesse, respect. Le mourant a besoin d'une personne qui l'accompagne et non de quelqu'un qui «agit et s'agite».

- Cette présence est parfois difficile à assurer. La mort de l'autre nous renvoie à notre propre mort. Sa révolte, l'angoisse grondent en nous, l'écoute est impossible; on devient à ce moment froid et distant alors que le mourant a un besoin désespéré de chaleur humaine. Notre attitude renforce sa souffrance et sa solitude.

Besoin d'identité

- Le mourant, conscient, a besoin que l'on «soupçonne» qu'il ait eu une vie avant son entrée à l'hôpital... Si nous savons écouter le malade, nous voyons qu'il se raccroche à ses souvenirs.

- Une préposée, entrée pour faire un soin de la bouche, est restée plus d'une heure auprès d'un malade qui lui racontait, à partir d'une photo, ses vacances antérieures et ses projets à la sortie de l'hôpital.

- Une élève infirmière raconte qu'un mourant s'accrochait farouchement à un vieux costume sale et à deux pyjamas personnels, seuls vestiges de sa vie «d'homme» alors que maintenant il n'était plus qu'un «être hospitalier».

Besoin spirituel

- À l'article de la mort, certains malades trouvent du réconfort dans leur foi. Infirmiers et aides-soignants doivent faciliter la venue d'un représentant du culte quel qu'il soit: prêtre catholique, pasteur, rabbin, etc.;

- Une malade, très consciente de son état demandait chaque jour la visite de l'aumonier de l'hôpital et reçut les derniers sacrements entourée de toute sa famille, en pleine lucidité et sérénité;

- Un autre malade cachectique, à toute extrémité, qui ne s'était pas levé depuis des semaines a été retrouvé, prosterné sur le carrelage, le visage tourné vers la Mecque afin de dire ses prières. Recouché avec énergie par des infirmières inquiètes du fait de sa grande faiblesse, il se releva aussitôt pour accomplir ses rites.

Apprivoiser la mort

Isabelle Delisle

Si nous partons de l'hypothèse que la mort est aussi naturelle à la vie que la vie elle-même, apprivoiser la mort c'est donc apprivoiser la vie.

Ceux qui étudient la biologie moléculaire et la génétique moderne ont abouti à la découverte de structures moléculaires spécifiques de la «matière vivante» et ce qui ressort de ces connaissances extrêmement complexes est que la mort est spécifique de la structure vivante. Nous en avons des exemples dans la nature: le blé qui meurt en terre, la chenille qui se transforme en papillon, etc.

La mort est donc, biologiquement, l'aboutissement naturel de la vie. C'est donc parce que l'on meurt que l'on vit.

N'avons-nous pas été en mesure d'apprendre beaucoup sur nous-mêmes et sur la vie quand nous avons été appelés à accompagner quelqu'un à mourir? Quelle a été notre réaction devant la mort d'un proche qui est parti après une longue maladie? N'avons-nous pas accepté la mort comme une délivrance? Mais lorsque la mort nous a pris par surprise un être cher, soit à l'occasion d'un accident, d'une crise

cardiaque ou d'un suicide, quelle a été notre première pensée? Pourquoi? Qu'aurais-je pu faire que
je n'ai pas fait? Nous serons peut-être tentés de nous
culpabiliser et quoi encore...?

À maintes occasions, dans ma vie professionnelle,
j'ai eu à accompagner des personnes à mourir et souvent, lorsque je travaillais à l'hôpital Ste-Justine, j'ai
dû aider des parents à accepter la mort de leur enfant. Je comprenais la peine de ces chers parents,
mais j'avais la délicate tâche de les convaincre qu'il
fallait lâcher prise... et tant que les parents n'accep-
taient pas, l'enfant ne partait pas. Il attendait leur
consentement. Dieu attendait peut-être leur acceptation.

Comment peut-on accepter la mort?

Si nous acceptons que «la durée s'impose comme
une condition de la vie et qu'elle est le temps vécu
par une conscience» et que la mort est un événement
personnel de notre histoire au même titre que la
naissance, nous comprenons qu'accepter de mourir
c'est au fond accepter de vivre.

Il nous a fallu, depuis notre naissance, expérimenter différentes sortes de mort pour atteindre l'évolution spirituelle où nous sommes parvenus. Nous
avons été appelés bien souvent à faire des sauts dans
le vide; certains ont eu le vertige et d'autres ont af-
fronté ce vide avec une certaine sécurité. Notre façon
d'envisager la mort ressemble étroitement à notre
façon d'envisager la vie. Si nous affrontons nos morts
quotidiennes avec calme, courage et confiance, en ne

cherchant pas à les fuir, il nous sera plus facile d'envisager la mort comme une amie, comme une bonne compagne de route. Nous nous éteindrons visiblement comme la chandelle.

La mort est un dynamisme de l'être humain au même titre que les autres et c'est en prenant conscience de cette durée que nous pouvons vivre vraiment la vie, en jouir et l'apprécier. La mort a été la plus grande inspiratrice de la musique comme de la philosophie, de la littérature et de l'art. Elle a été l'instructeur de grands personnages de l'histoire que nous vénérons comme héros, saints et martyrs de la science. Les plus hautes valeurs spirituelles ne peuvent-elles pas naître de la pensée de la mort et de son acceptation?

Michel-Ange disait: «Il n'y a en moi nulle pensée que la mort n'ait sculptée de son ciseau.»

Schopenhauer appelait la mort «le vrai génie de la philosophie».

La révélation du Christ est que, par la mort et la résurrection, nous entrons par adoption dans ce «système trinitaire» qui est la vie de Dieu.

Saint Augustin disait: «Quand tu fais quelque chose, fais-le comme si le sort du monde en dépendait, et en même temps comme si tu devais mourir dans la minute qui suit et que cela n'ait aucune importance.»

Un humoriste anglais écrit: «Ne prenez pas la vie trop au sérieux: vous n'en sortirez pas vivant.» Il ne s'agit pas ici d'être insouciant et de manquer de sérieux mais bien d'avoir le sens de la valeur relative au temps.

Si l'on ne mourait pas physiquement, la vie deviendrait bientôt impossible.

Il est assez paradoxal de constater sur la planète Terre que, d'un côté on songe à prolonger la vie et que de l'autre, pour éviter la surpopulation, on doive s'occuper activement de la limitation des naissances.

Pourquoi a-t-on peur de la mort?

Si vous avez été appelés à accompagner plusieurs personnes à mourir, vous avez peut-être pris conscience que ceux qui ont laissé des problèmes sans solutions, des rêves irréalisés, des espoirs détruits, ceux qui ont négligé les choses vraies de la vie (aimer et être aimé, contribuer positivement au bonheur et au bien-être des autres) ont peur de la mort.

La vie questionne chaque homme et il ne peut répondre à la vie qu'en répondant de sa vie; on ne répond à la vie qu'en étant responsable. C'est dans la mort que se cachent le sens de la vie et la clef de notre croissance. Si l'on n'a pas appris à vivre sa vie, peut-on vivre son «mourir»? La mort apparaît alors comme un échec parce que nous n'avons pas appris à nous détacher.

Saint Jean de la Croix nous dit «qu'il faut, une fois qu'on est mort biologiquement, mourir à sa propre personnalité pour être en face de Dieu».

L'un des éléments qui fait partie de la peur de la mort est celui de la souffrance. On n'en finit pas de naître et on n'en finit pas de mourir.

Cette peur de la mort coïncide avec la crise culturelle contemporaine qui affecte l'Occident capitaliste et l'ensemble des sociétés industrialisées.

Car, être mort biologiquement, c'est être transformé en chose. Si nous n'avons pu donner un sens spirituel à notre vie, quel sens notre mort aura-t-elle?

La peur de la mort ne se traduit-elle pas au plus profond de l'être humain par une peur de vivre?

La médecine moderne avec son arsenal de connaissances et de possibilités prend conscience de son impuissance à résoudre ce drame humain de la mort et elle aboutit à montrer qu'en dernière analyse, la chose la plus normale qui soit c'est de finir par mourir. Donc, les agents de la santé devraient aider les gens à apprécier au maximum la qualité et la durée de leur existence, pour mieux préparer cet événement capital de leur mort!

Quand nous sommes confrontés avec l'échec de la durée, nous sommes en même temps confrontés avec notre échec personnel: celui de notre propre mort.

La durée s'impose donc comme condition de la vie.

Témoignages

Croissance et mort

«Le disparu, si l'on vénère sa mémoi-re, est plus présent et plus puissant que le vivant»

Saint-Exupéry

«Il y a moins d'un an, j'ai perdu ma mère. Elle succomba à une maladie inexorable: un myélome multiple, secondaire à un autre cancer non identifié. Les six mois de son déclin à la maison furent pour moi une période lourde d'apprentissages, où maman me donna la preuve que la croissance est possible jusqu'à la mort. Elle raffermit mes croyances de base, à savoir que la relation interpersonnelle est indispensable aux soins. Nous avons de plus connu ensemble une relation circulaire qui m'est devenue une source d'énergie et d'enrichissement dont je me sens pénétrée pour toujours.

Comme après tout voyage que l'on raconte au risque d'affaiblir la vivacité de certains paysages, je m'engage, dans une vision rétrospective de cette expérience, à mettre en mots un moment d'une relation type «mère-enfant», moment de récupération en quelque sorte, de temps manqués ou mal vécus de cette relation. Au fond, nous nous sommes donné une dernière chance: apprendre à grandir à travers l'une des expériences les plus significatives, celle de la mort.

L'annonce de la fin

«Après un séjour de cinq semaines à l'hôpital pour investigation diagnostique, maman ressent la même fatigue, les mêmes douleurs dorsales et n'arrive pas à reprendre ses forces. Bien que le médecin lui ait dit qu'elle n'avait rien de grave et que tout rentrerait finalement dans l'ordre, elle s'inquiète de cette perte subite de 30 livres et de cet état de faiblesse persistant. Aussi, mon dilemme est grand lorsqu'un après-midi, elle me demande de lui dire la vérité. Vaut-il mieux la laisser dans l'incertitude d'une guérison ou l'informer de sa fin prochaine? Maman met bientôt fin à mon ambivalence et me questionne plus directement: «Dis-moi, je t'en prie, ce que tu sais, Thérèse. J'ai besoin de connaître la vérité pour mieux utiliser mes forces; s'agit-il d'un cancer?»

Un long moment, je garde un silence bien révélateur puis, toutes les deux en larmes, nous parlons de ce destin terrible. Maman se redresse alors, reprend ses forces intérieures et me confie qu'elle va se préparer à la mort en vivant pleinement ce qui lui sera donné de vivre. Elle pense à ses dix enfants, à papa, à sa maison, à son jardin; elle veut profiter de ce dernier printemps qui vient pour admirer les fleurs nouvelles et se rapprocher des siens. De mon côté, je m'engage à faire tout ce que je peux pour répondre à ses besoins et l'aider à réaliser ses désirs afin qu'autant que possible, sa vie se consume selon sa volonté.

Nous restons ensemble de longues heures ce jour-là; discrètement, je surveille les réactions émotives de maman après cette pénible révélation. Mais non, elle ne tergiverse pas: elle qui a eu tant d'énergie pour conduire sa vie, conduira sa barque avec autant de courage jusqu'au port. Elle sait maintenant que ses mains, ses bras fatigués, tout son corps n'ira qu'en s'affaiblissant et c'est de l'intérieur qu'elle retrouve sa vraie stature.»

Une ère nouvelle

«Ce jour-là fut marquant pour notre relation: nous décidons en effet de nous ouvrir l'une à l'autre, de nous confirmer dans ce que nous sommes malgré le «difficile» de la situation. Ce que nous discutons importe peu: nous savons à l'avance que nous nous acceptons, sans façade, avec nos forces et nos limites. Nous n'avons, pour ainsi dire, plus de secrets l'une pour l'autre; nous pouvons pleurer ensemble, discuter, échanger nos soucis et nos rêves ou simplement nous taire. Nous qui avons eu si souvent des vues différentes sur les choses de la vie, nous avons soudain le même regard sur l'expérience en cours et le même désir de nous y accorder de notre mieux.

Maman, femme de silence dans le domaine psychologique, apprend à exprimer ses peurs, ses appréhensions, ses regrets. Elle me parle parfois de sa déception de n'avoir pas été une excellente mère. Étant l'une de ses filles aînées, je l'aide alors à se rappeler qu'elle a toujours fait son possible pour améliorer la situation et celle de toute la famille. Ensemble, nous explorons plus à fond nos souvenirs et nos émotions venant de ce passé de sorte que nous finissions nos «jases» soulagées, détendues, abandonnées au processus mystérieux de la croissance intérieure.

«Cette relation bien personnelle entre nous m'est précieuse pour identifier, non seulement les besoins psychologiques mais aussi, les multiples besoins physiques de maman. Sous ses directives, je cuisine ses repas et la nourris, à la fin, comme un enfant. Nous sommes tour à tour la mère et l'enfant, dans un processus de «donner et recevoir» réciproque. Que d'échanges à l'occasion de ces repas, de ces traitements, de ces sommeils et de ces veilles!

Un jour, maman me parle de son corps amaigri, desséché, qu'après un bain, j'éponge, je frictionne de lotion. «Le croirais-tu, me dit-elle, moi qui ai si souvent négligé cette "carcasse", j'ai du mal maintenant à la rendre à la terre!» Dans un silence ému, je continue sa toilette, consciente, tout comme elle, que ces massages sont bien des massages d'amour et de tendresse pour ce corps d'où est sorti le mien et celui de mes frères et sœurs. Maman s'abandonne alors à ces soins jusqu'aux derniers jours où elle me répète: «Ce n'est plus que l'enveloppe; je suis déjà partie.»

Maman traverse tour à tour différents stages de dépression, d'espérance et d'acceptation caractéristiques chez les malades en phase terminale. Elle peut vivre de tristesse en même temps que d'espoir. Parfois même, elle s'efforce de croire que non! elle ne va pas mourir; les médecins consultés se sont trompés à son sujet et un autre expert la tirera de là.

Ma propre ambivalence vis-à-vis de l'acceptation ou du rejet de cette apparente absurdité de la perdre me remonte à la gorge; le mystérieux sens de la vie et de la mort l'emporte et finalement, j'entoure maman davantage en essayant de pressentir avec elle cet inconnu où elle va plonger pour toujours.

La perspective du temps qui passe nous est devenue familière. Maman voit ses forces diminuer, ses pas s'alanguir, son espace physique se rétrécir. Nous vivons ensemble le dernier repas à table, la dernière visite d'amis, le dernier tour de la maison pour admirer la croissance des plantes, la dernière collation du soir; je prends conscience avec maman que tous ces gestes coutumiers s'estompent progressivement, gagnés par une mort envahissante jusqu'à cette agonie interminable partagée dans les derniers mois avec ses dix enfants.»

Le partage des tâches

«En effet, toute la famille fait du service infirmier 24 heures par jour. Chacun, auprès de maman, connaît à sa façon le problème des repas sans appétit, des médicaments sans résultat, des nuits sans sommeil, des douleurs insoutenables et inassouvies, en un mot, l'impuissance du nursing si souvent rencontrée dans les situations critiques auprès de grands malades.

Nous faisons pourtant tous du «nursing avec amour» selon l'expression de maman, dans des circonstances souvent extrêmement pénibles à cause de l'impact émotif de la perte prochaine de notre mère. Nous nous heurtons à de nombreuses difficultés d'équipe, parfois accompagnées de points de vue différents sur «la meilleure chose à faire en telle ou telle circonstance». En effet, les multiples complications secondaires, depuis l'occlusion intestinale, les vomissements répétés, les difficultés respiratoires, etc., jusqu'à l'état comateux des derniers jours, sont autant d'occasions de conflits puis de collaboration dans la diversité d'opinions et de perspectives.

Dans les moments les plus critiques, tels que l'annonce à maman de son état fatal ou le dosage des médicaments narcotiques, l'avis de mes amis m'était d'un immense secours. Ces personnes du dehors, moins impliquées émotivement dans la situation, me permettent d'apporter à ma mère des soins plus éclairés tout en m'encourageant à continuer mon travail professionnel.

Ainsi, dix jours avant sa mort, maman elle-même m'incite à la quitter pour un «workshop» de cinq jours à Boston: «Fais ce voyage, me dit-elle, et si moi je dois faire le mien durant ce temps, je le ferai de mon côté.» Chère maman, que les retrouvailles sont bonnes après ces longs jours de séparation.»

Les derniers moments

«Ces retrouvailles sont de bien courte durée car peu après, maman s'enfonce dans le silence, se séparant ainsi graduellement des siens, comme un bateau qui se détache de la rive pour s'engager dans la mer. Nous, ses enfants, continuons à lui parler, à lui dire tout haut notre tendresse, notre tristesse et aussi notre espérance dans cette «Jérusalem nouvelle» où elle va bientôt s'établir pour toujours. Les dernières heures sont longues et intenses; maman s'éteint graduellement, entourée de ses fils et de ses filles. À son dernier souffle, son front se remplit de paix.

Et depuis lors, la force et le courage de ma mère m'accompagnent car, comme le dit Saint-Exupéry, "le disparu, si l'on vénère sa mémoire, est plus présent et plus puissant que le vivant".»

La vie et la mort: une continuité

Peur de vivre, peur de mourir...
Desserrez les liens qui vous étouffent face à demain...
Apprivoisez les morts quotidiennement (dispute — incompréhension — solitude — rejet)...
Laissez les tempêtes vous troubler et s'évanouir...
Appréciez les hauts et les bas du courant...
Acceptez la vie et vous appréhenderez moins la mort,

Car la mort fait partie de la vie!

Chaque jour, j'accompagne professionnellement des personnes en phase terminale et le même cheminement intérieur revient, peu importe les croyances de chaque individu:

La peur de l'inconnu

Cette inquiétude engendre une profonde insécurité: «Quand vais-je mourir? Pourquoi? Qu'est-ce qui m'attend? Que puis-je faire? Comment bien me préparer?»

Votre mort ressemblera à votre vie...

En prenant votre vie en main, vous pourrez réagir face à votre mort, vous y préparer adéquatement...

J'avais vingt ans lorsqu'une bohémienne me dit sans préambule: «Tu vas mourir prochainement...» J'ai souri mais une certaine angoisse m'a enveloppée. Et si c'était vrai?

Dès lors, j'ai compris que la mort n'était peut-être qu'un mot... Il me fallait vivre pleinement pour mourir sans regrets face à l'essentiel, le moment venu.

Vivre reflète pour chacun une image précise...

Pour certains, vivre signifie ne rien se refuser, pour d'autres laisser filer le temps passivement; pour une personne de trente ans en phase terminale, se lever de son lit, aller à la fenêtre, voir l'aube revenir; pour une grand-maman très malade, étreindre contre son cœur sa petite-fille pour la première fois.

Le sens de la vie varie selon les événements vécus

Le don de la vie prend une valeur inestimable lorsque ce droit acquis semble menacé. J'ai vu évoluer de jeunes leucémiques et je peux vous affirmer qu'ils vivent plus intensément que la majeure partie des sexagénaires en bonne santé.

Souvent, j'entends: «J'étais si bien avant d'être malade! je pouvais manger, sortir à mon goût!»

Les prises de conscience permettent de réaliser que la vie n'est qu'un prêt

Vous dirigez votre vie à votre façon mais sans en prendre vraiment conscience. Ainsi, des vivants malades (personnes à l'âme vibrante) voisinent des morts en bonne santé (personnes sans rêve ni espoir). Cynique? Non, réaliste...

Chaque être agit et réagit à sa façon mais poursuit un objectif commun à tous les autres: s'épanouir durant cette vie terrestre. Si l'environnement humain et écologique influence à coup sûr la manière de vivre des gens, l'intégration des joies et des souffrances donne à la mort un parachèvement positif.

La mort correspond au dernier acte du rôle que vous jouez quotidiennement. Vous pouvez participer avec cœur ou décider de devenir spectateur...

Réflexion

- Quels comportements ai-je face à un événement imprévu?
- Ma mort ressemble à ma vie. De quelle façon est-ce que je vis?
- Est-ce que j'apprécie mon choix de vie?
- Que signifie **Vivre? Mourir?**

Suggestion: faites le bilan de votre vie et des objectifs que vous vous êtes fixés peu à peu.
- Comparez;
- Réagissez.

La mort morale et physique

«À un certain moment de ma vie, je me suis condamnée moralement et physiquement. Tout devenait négatif. Je broyais du noir et laissais mon corps s'affaiblir. Je ne croyais plus en rien et surtout pas aux miracles. Peu à peu, j'ai apprivoisé la solitude et renoué avec moi-même. J'ai alors pu rencontrer quelqu'un d'autre: mon conjoint. Ensemble, nous avons accru notre épanouissement personnel, tout en amorçant un partage mutuel.»

Une lueur d'espoir efface bien des tourments

Sachez que pour chacun, un ange gardien ou une bonne étoile existe. Il s'agit d'être à l'écoute, de la reconnaître, de l'accepter... L'essentiel est d'agir selon vos propres convictions, en puisant à même la force de Dieu ou à celle de la Nature. Ainsi, votre énergie intérieure qui était latente rejaillira.

Certains enfants sont **convaincus** que personne ne les aime. Volontairement, ils se laissent mourir sans que quiconque puisse intervenir. Ces morts psychologiques sont souvent plus troublantes que les morts physiques car leur origine profonde reste inexplicable. D'autres jeunes livrés à eux-mêmes se cachent derrière diverses toxicomanies ou religions particulières (sectes). Ils sont **convaincus** que la société ne peut ni répondre à leurs besoins moraux et physiques ni les soulager. Quelques clochards refusent le suivi de l'aide sociale, préférant vivre à leur façon jusqu'à la fin. Ils sont aussi **convaincus** de ne nuire à personne et meurent seuls au désespoir de la société. De même, plusieurs personnes âgées se sentent inutiles, improductives, un fardeau pour leurs enfants. Elles sont **convaincues** que leur mort faciliterait tout.

J'admire, dans un sens, ces personnes qui sont allées jusqu'au bout de leurs convictions et ce n'est pas à moi de juger si leurs motifs étaient valables ou non. Au moins étaient-elles convaincues de quelque chose: leur **rejet** de la société... Cette société (nous), qu'a-t-elle fait pour que des gens en arrivent à penser ainsi?

La mort est faussement considérée comme un événement négatif

On ne vit pas, on existe.
On remet à plus tard — toujours plus tard, le temps où nous serons heureux. Et les exigences sont énormes.
Pour qu'on ait réussi notre vie, il faut répondre à tellement d'exigences, qu'on est souvent déçu!
On arrive à la retraite en se disant: «Je n'ai pas eu le temps de vivre vraiment et pourtant, j'ai changé.»

Les expressions: «On se meurt d'ennui», «Je n'ai pas le goût de vivre», «C'est tranquille à mort», «Regarde, de vrais cadavres ambulants» amplifient l'idée négative de la mort représentant alors un échec face à la vie. En perpétuant ces clichés, vous renforcez une fausse impression de la mort. Vous n'êtes cependant pas les seuls en cause. Vos proches, les médias, la société projettent des images de vie parfaite vers lesquelles vous aspirez (gros lots: en amour, en argent, au travail, en promotion, etc.) et ce, depuis votre naissance.

Naissance: «Lorsqu'elle parlera, elle pourra dire ce qui ne va pas!»

Enfance: «Quand tu seras grand, nous t'expliquerons...»

Adolescence: «Tu sortiras lorsque tu gagneras de l'argent!»

Jeune adulte: «En finissant tes études, tu devras rembourser tes emprunts.»

Adulte: «Tu devrais te trouver une amie sérieuse, amasser de l'argent pour des biens matériels (auto — maison — etc.)»

Parents: «Quand nos enfants seront plus âgés, et nos dettes payées, nous voyagerons...»

Retraité: «Je devrais penser à léguer mes biens pour ne pas occasionner de problèmes à ma mort.»

Si au moins vous viviez les bons moments de chacune des étapes de votre vie au lieu de vous essouffler à courir au devant de l'inaccessible, espérant y croiser le bonheur...

En attendant, vous risquez d'être fort déçu... Car, au moment où tout semble à point, le conjoint décède, la santé décline ou tout simplement un événement important bouleverse votre vie et vous oblige à vivre au jour le jour alors que vous avez toujours redouté de le faire!

Comment ne pas voir la mort négativement alors que l'idée de mourir avant de réaliser vos objectifs vous hante?

Cessez d'attendre — vivez «votre aujourd'hui»

Réflexion:

- Y a-t-il des gens sur qui je peux vraiment compter?
- La mort n'est ni un échec, ni une réussite en soi; c'est une continuité de la vie. Qu'est-ce que j'en pense?
- Est-ce que j'essaie de penser plus positivement afin de réagir sereinement aux situations pénibles?
- Est-ce que je profite de ma vie avec ce qu'elle m'offre de merveilleux?
- Suis-je convaincu que je suis unique et important? Que je mérite de me gâter? Que je suis appréciable pour moi-même?

Suggestion: repensez aux bons souvenirs.
Accumulez-les. Ainsi, vous conserverez des sources d'énergie où puiser en cas d'événements que vous qualifierez de malheureux.

Un moment de réflexion face à notre propre mort

Souvent dans la vie, des événements nous poussent à nous remettre en question.

ex.: perte d'emploi, deuil d'un proche, divorce, retraite, l'âge en cause 35 — 45 — 65.

Nous côtoyons des gens qui influencent notre destinée, nous poussent à nous remettre en cause, à nous voir tels que nous sommes.

Nous avons peur de voir notre réalité en face

Pourquoi face à cet inconnu qu'est nous-même,

quand je m'arrête, me questionne; l'insécurité — le doute me guette, le manque de courage me pousse à fuir, mais ma volonté me pousse à persévérer. J'ai le goût d'être bien, heureux, c'est ma propre mort que je côtoie en sourdine.

Les décisions, je dois les prendre en fonction de moi, de mes besoins, de mon cheminement actuel
C'est souvent des deuils de nos espoirs, de nos rêves qu'on enterre. Un idéal changeant avec notre quotidien.

— Notre meilleur appui — «nous-même».

«Prends le temps de t'aimer, de te faire confiance. Tu as toutes les ressources en toi pour t'accomplir.»

Tu as la possibilité de choisir ta vie avec toutes ses implications.

La vie et la mort sont des états d'esprit continuels

Émotions éprouvées face à une mort

La société impose à la mort le statut de «tabou». Vous pensez cette situation révolue?

Que dire:

- de la mort à l'hôpital où très souvent celle-ci est considérée comme un échec à la science et où, rapidement, le corps disparaît?

- de cette jeune infirmière qui, pratiquant un

massage cardiaque sans succès, ressent de la frustration et met en doute ses capacités?

- de cette chambre où vit un malade en phase terminale et chez qui l'infirmière hésite à entrer au cas où elle serait la dernière à administrer un calmant?

- de ce jeune désespéré qui se jette sous une rame de métro et dont le corps est vite déplacé loin des curieux car cet acte crie à la société sa déchéance: cette horreur de se faire justice à soi-même? (Et si cette personne avait été vieille et malade, comment cette même société axée vers le **productif** aurait-elle réagi? Le geste aurait-il été plus «excusable»?)

Néanmoins, la société déploie certains efforts au moyen de la publicité en proposant les arrangements mortuaires effectués avant la mort afin d'éviter cette souffrance aux proches parents. Mais qu'y a-t-il de fait **concrètement** pour aider le vivant à résoudre ses conflits internes et à se préparer à la mort?

La mort prend pour la société des proportions différentes en fonction de la vie sociale, de l'âge, du statut de la personne mourante (ou décédée).

Mais chacun a ses propres réactions face à la mort. Voici deux témoignages parmi de nombreux autres démontrant l'état d'âme de personnes atteintes de cancer en phase terminale. Remarquez l'attente passive de la mort pour la première et le goût de la vie pour la deuxième.

«J'attends la mort jour après jour, depuis que je sais... L'angoisse m'étouffe, me paralyse... Je ne peux pas en parler car mes amis ont autant, sinon plus, peur que moi... Ils ont hâte que mon drame se termine... Je les dérange en troublant leur supposée sérénité. Je suis un exemple de la mort et je vis mon propre deuil à travers leurs regards... Le temps me semble une éternité. Je veux en finir car déjà je n'existe même plus...»

(34 ans)

«Lorsque j'ai appris qu'il ne me restait que deux mois à vivre, ce fut comme si une masse de lourdeur de plus en plus accablante m'écrasait... Après un certain laps de temps passé à réfléchir sur la vie et la mort, j'ai décidé que seul Dieu savait exactement le nombre de jours mis à ma disposition... J'ai cessé de calculer les secondes que je pouvais prendre à faire ceci ou cela et **j'ai choisi de vivre!** Je n'attends plus la mort, je vis savoureusement ma vie... Je fais ce que j'ai toujours repoussé du temps où je me disais avoir le temps. Que ce soit une promenade en forêt, une journée de pêche ou un petit voyage, je profite de la vie. Je dis à mes proches que je les aime, je les remercie de ce qu'ils m'ont apporté... C'est aussi le temps du pardon... Je veux que ma famille, mes enfants, conservent un merveilleux souvenir de moi. Je vis plus intensément aujourd'hui que durant mes quarante autres années... c'est là mon seul regret...»

(41 ans)

Réflexion

- Comment réagirais-je face à l'annonce de ma mort?
- Suis-je en harmonie avec moi-même? Avec mon entourage?

Suggestion: voici une mise en situation: le deuil est toujours déclenché par une perte (d'une personne aimée, de la santé, d'une promotion, d'un objet important, etc.). Retrouvez dans votre vie un événement spécial ayant provoqué un grand bouleversement vous empêchant de fonctionner... Revivez vos émotions:

- Tristesse profonde (choc): «Je ne réalise pas vraiment ce qui arrive... tout se bouscule...»;
- Négation: «Pourquoi moi? Ce n'est pas possible...»;
- Dépression avec culpabilité: «C'est de ma faute...»;
- Colère: «Pourquoi, hein? C'est de leur faute...»
- Marchandage: «Mon Dieu, si vous me donnez ceci, je promets cela...»;
- Dépression: «Je réalise que cela est vrai...»;
- Admission de fait et réorganisation: «Je choisis de vivre! Je me laisse mourir...»

Soyez convaincu qu'à l'annonce de votre mort, vous réagirez de la même façon. Si c'est là votre désir, parfait. Par contre, si vous voulez vivre ces émotions différemment, voyez-y dès maintenant.

Questions suscitées par la mort

Une angoisse tenace poursuit chaque personne approchant la mort. La séparation du corps et de l'esprit provoque plusieurs interrogations.

Ce chapitre reprendra les questions qui me sont posées en plus grand nombre. Je répondrai en toute sincérité selon mes croyances, comme je le fais dans chaque suivi professionnel.

● *Les difficultés éprouvées sur cette terre ont-elles un sens?*

Pour certains, le passage sur cette terre représente un enfer, pour d'autres, c'est une façon de grandir. Chaque individu revient sur cette terre pour s'élever vers la plénitude. La naissance représente un chemin orienté vers l'épanouissement des aspirations.

Vous êtes né pour défaire l'énergie négative et les fantômes (reliques des autres vies) qui n'existent que pour vous détruire ainsi que vous-même. Votre moi intégral vous incite à avancer, à rechercher la liberté.

Vous êtes un **roi** ou une **reine**... Vous avez l'emprise de vos gestes, de vos décisions et, en ce sens, vous êtes vraiment libre!

● *Comment retrouver son énergie?*

La relaxation reste l'état idéal afin de retrouver le moi intégral. Toutes nos perceptions sont alors à l'affût d'énergie. L'espace et le temps perdent leur signification.

- *Où vont les morts?*

Par l'esprit, ils accompagnent ceux qu'ils aiment. Ils continuent d'évoluer dans une autre vie.

- *La mort est-elle une fin?*

Souvent et ce, même de nos jours, la mort n'est pas perçue comme une étape de croissance. Pourtant la vie et la mort sont continuité l'une de l'autre. En naissant, vous approchez de la mort...

Votre corps meurt mais votre esprit reste ouvert à toute connaissance. Vous n'êtes pas seul au monde car vous êtes une molécule en harmonie avec le cosmos. De même sera votre mort...

- *Que penser de la réincarnation?*

Certaines personnes admettent le principe de la réincarnation. Par exemple, au temps du Christ, la réincarnation était reconnue. Cependant, au VIe siècle, les évêques, lors d'un concile, décidèrent d'interdire d'en parler car admettre la réincarnation c'était perdre le plein pouvoir sur les fidèles qui, étant convaincus de revenir sur terre, ne s'efforçaient pas de devenir meilleurs, n'en voyant plus la nécessité.

D'autre part, les Indiens et les Amérindiens y ont toujours cru.

Moi, je crois que chacun revient sur terre avec un vécu de plus en plus riche au fil des vies. D'une vie à l'autre, d'un corps à l'autre, l'esprit tend vers la perfection.

● *La souffrance physique est-elle nécessaire?*

Il est faux de croire qu'il faut expier ses fautes. Des gens malades refusent les calmants pour se purifier alors qu'un choix réfléchi de vie devrait plutôt les inciter à accepter ou non ce pas à franchir.

● *Comment ne pas voir la mort comme une voleuse?*

Cessez d'attendre les satisfactions promises... Hâtez-vous sans crainte d'être égoïste... Vivez votre aujourd'hui... Semez la joie... Alors, au moment venu, rien ne vous retiendra...

● *La peur de la mort est-elle normale?*

Oui, c'est **normal** de se sentir anxieux, désemparé face à l'inconnu, comme il est **normal** d'éprouver de la douleur face à la souffrance. Ce qui est moins acceptable, c'est de s'enliser avec nos peurs, de ne pouvoir les partager, de ne pas tenter de les comprendre...

● *Comment se préparer à la mort qui nous bouscule?*

En vous détendant... Vous ressentirez alors une grande clarté éblouissante, un bien-être nouveau, une légèreté flottante. Vous penserez objectivement, tout se clarifiera...

Il existe certaines techniques de relaxation qui ont pour but de diminuer les battements du coeur jusqu'à l'état d'inconscience. J'ai réalisé cette expérience troublante. Cela m'a permis de ressentir plus intensément ce que les personnes mourantes vivaient. Je me suis retrouvée dans un état comateux: j'entendais les gens mais je ne pouvais réagir. Je me souviens m'être sentie très bien, merveilleusement bien...

La mort, lorsqu'elle est mieux connue, devient moins effrayante...

Ma philosophie

La mort est pour moi le passage d'une vie vers une autre, la plénitude.

Aucune mort n'est vaine ni stérile

En naissant, chacun a un objectif de vie tracé, de même qu'une raison de mourir.

J'ai cru au fardeau déterminé par les fatalités de mon enfance, de mon hérédité, de la société...
J'ai découvert que pour l'essentiel, je ne suis héréditaire que de moi-même.
Mes faiblesses et mes difficultés proviennent de mes vies antérieures.
Je dois donc arriver à me rappeler les événements négatifs m'empêchant d'avancer.

Je possède le pouvoir de transformer mes pensées en vécu positif.

Par mes connaissances et mon énergie intérieure, je continue de grandir, à aller au-delà des limites que je m'impose:

Je vis mon aujourd'hui!

Seul

À ne pouvoir partager ni nos joies ni nos peines,
À les refouler jour après jour,
la conviction d'être sans importance,
de n'avoir rien d'exceptionnel à raconter naît...

Ce silence imposé se fait pesant...
Le secret gardé demeure un rêve à dévoiler.

Accepter de croire à la vie et à ses multiples facettes...
Accepter de redevenir un enfant, de s'émerveiller, d'aimer...
Accepter de se partager...

De l'essentiel à l'accidentel, du principal à l'accessoire;
ainsi va la vie, ainsi vient la mort.

Sylvie Caya (1985)

Adieu

Adieu, je vous quitte...

Un crépuscule flamboyant m'attire alors que l'aube perd déjà son éclat...

Adieu, je vous quitte...

Je demande un pardon sincère à ceux que j'ai mal aimés.
Moi-même, je me sentais tellement incomprise.
Je pardonne à chacun m'ayant blessée, je vous en ai jamais vraiment tenu rigueur.

Adieu, je vous quitte...

Vous n'avez pas compris que j'avais besoin de plus que votre présence.
Ma voix ne recevait pour seul écho que votre indifférence.

Adieu, je vous quitte...

Le va-et-vient de la vie nous arrache, nous poursuit...
Trop de rêves refoulés, trop d'espoirs non partagés...

Adieu, je vous quitte...

Sans amertume, sans regrets profonds...
maintenant, je peux enfin vous dire ce que je n'ai jamais osé, redoutant votre réaction:

JE VOUS AIME!

Sylvie Caya (1985)

À toi papa

Qui m'a quittée pour un monde meilleur,
Tu es toujours vivant aussi dans mon cœur, car je vis à
travers toi.
Je te remercie pour l'héritage que tu m'a légué,
Ta foi en la vie et les gens,
Ton amour pour autrui,
Ton goût du risque,
Ton désir de vivre pleinement,
Ta croyance dans l'implication sociale qui te satisfait:
«On est heureux à aider autrui»
Même si tu es parti jeune, tu a laissé ta trace sur cette
terre fertile,
Je suis ta semence, si je peux aimer, c'est que tu m'as
aimée,
Si je m'implique, c'est que j'ai eu ton exemple.
Merci de m'avoir fait confiance, je t'ai promis que tu
serais fier de moi,
Tu peux l'être, car si j'aide les gens à être heureux et se-
reins,
Tu en es en partie responsable.
Si chacun de nous pouvait écrire ce que la mort de la
personne aimée nous a apporté,
La vie et la mort seraient moins vues injustement.

    Ta fille Mado
    (Ma continuité dans toi... Bianka)

Comment aider ceux qu'on aime à partir (mourir)?

On vit notre propre mort à travers celui qui va mourir:

    – Être respectueux à son égard;

216

- Lui demander ce qu'on peut faire pour lui (s'il est conscient);
- Lui dire nos émotions si c'est de l'affection, de l'amitié, de l'amour;
- Lui demander s'il désire notre présence, notre aide (soutien); veut-il s'exprimer, dire ce qu'il vit, ses peurs, ses craintes, ses espoirs, ses limites;
- Suis-je capable d'être aidante jusqu'à être à son écoute?

Je peux m'exprimer moi aussi: dire mes besoins, si nécessaire.

Exemple:

J'ai le goût d'être avec toi. Je me sens bien avec toi. J'ai le goût de t'accompagner dans ce que tu vis actuellement *ou* d'être à tes côtés, tu me rassures; quand je te vois si calme, serein, je t'envie; le moment venu à mon tour de mourir, je me souviendrai de toi; pense à moi dans ce ciel bleu. Je te remercie de me faire partager ton unique expérience. Je suis à tes côtés, près de toi. Je t'aime.

L'important dans tous nos gestes, c'est d'être vrai, honnête avec nos sentiments. J'agis avec les autres comme je voudrais qu'on agisse avec moi.

Si la personne est inconsciente, tu fais un effort accru pour être intentionné, qu'elle soit bien. Tu lui parles, tu la touches, tu prends soin d'elle: draps frais, bouche sèche; humecte ses lèvres, passe de la glycérine, réchauffe les membres supérieurs et inférieurs. Tu la rafraîchis.

La douceur, la tendresse, l'affection sont les moyens du coeur pour aider la personne à mourir.

La présence d'un prêtre, d'un pasteur, selon sa croyance, peut être d'un grand soutien moral et spirituel. Tu peux tout au moins le faire venir si la personne est consentante.

Si tu es sincère dans tes gestes, laisse-toi guider par la suite. En temps voulu et le moment venu, tu sauras comment agir. Ne t'inquiète pas: quand on agit selon les desseins de son cœur, on ne se trompe pas. Ne le juge pas, ne le condamne pas suite à telle révélation formulée; il est humain tout comme toi, ne l'oublie pas.

Il a le droit de mourir dignement, ne le laissez pas souffrir inutilement.

«Je peux compter sur toi,» semble-t-il te dire. Il attend tout de toi, sauf ta pitié. Je te respecte et je t'aime tel que tu es, tu peux partir en paix.

Voilà des moyens d'aider la personne à vivre son mourir positivement et vous, votre deuil, ainsi que l'accompagnateur. Vivre cette expérience non pas rationnellement mais sereinement.

Bonne chance dans votre cheminement!

Vivre un deuil

Bernard Uhl

La perte d'un être cher est sans contredit l'un des événements les plus difficiles qu'un être humain puisse traverser dans sa vie.

Pourtant le deuil est un sujet dont on parle peu, un sujet presque tabou. La plupart des gens refusent d'y réfléchir ou de se préparer à une telle épreuve et ce, même lorsqu'un proche est mourant. Cette attitude de négation ou de fuite face à la mort a malheureusement des effets assez traumatisants pour les personnes en deuil.

Un peu d'histoire

En fait, cette négation de la mort n'a jamais été aussi importante qu'aujourd'hui. Ainsi, il y a trente ou quarante ans, la mort était beaucoup plus présente et intégrée à la vie des familles québécoises: on exposait les gens décédés à la maison, la mort frappait à tout âge et la religion, omniprésente, aidait à donner un sens à cette épreuve. L'événement avait donc une dimension plus naturelle.

Par ailleurs, depuis quelques années, les progrès de la médecine ont été fabuleux. L'espérance de vie augmente constamment et des maladies jadis fatales, telles que le cancer, sont maintenant traitables dans une proportion de 50%. Cette lutte acharnée de la médecine contre la maladie et la mort crée, par contre, une illusion démesurée que l'on réussira peut-être un jour à vaincre la mort.

Cette attitude de fuite envers la mort se reflète aussi dans l'absence de contact que la majorité des gens ont avec des mourants.

D'abord, on ne meurt presque plus à la maison, mais plutôt à l'hôpital. Souvent, les proches ne sont même pas présents dans les derniers moments et bien des adultes aujourd'hui n'ont jamais vu quelqu'un mourir. Même la plupart des employés de centres hospitaliers n'ont presque plus de contact avec la mort. De fait, dès qu'une personne décède, on se dépêche de sortir discrètement son corps. Ensuite, après son embaumement, elle devient trop souvent méconnaissable.

Malheureusement, moins on parle de la mort et moins on la côtoie, plus on la craint; moins on s'y prépare et plus on risque de très mal la vivre. C'est ainsi que de plus en plus de gens ressortent bouleversés, traumatisés d'une expérience de deuil. Même après la période normale de chagrin, ils ne retrouvent plus de plaisir à vivre, sont désorientés par la solitude, ne veulent plus s'attacher de nouveau à quiconque ou vivent continuellement dans le passé. Ceux qui les côtoient renforcent alors leurs sentiments et leurs perceptions sur la mort et le deuil, à savoir que ce sont des événements redoutables, effrayants et inhumains. Plusieurs personnes développent ainsi une profonde angoisse envers la mort... et de véritables phobies des salons funéraires. Enfin, la plupart des gens se sentent très mal à l'aise et incapables d'offrir un véritable support aux personnes en deuil. Pourtant, il pourrait en être autrement.

Les étapes d'un deuil

On peut distinguer trois grandes étapes dans la réaction de deuil: d'abord une période de choc et de désarroi, suivie d'un temps plus ou moins long de fragilité émotive, pour en arriver finalement à ce qu'on pourrait qualifier de rétablissement, c'est-à-dire d'une sérénité et d'une joie de vivre retrouvée. Selon les individus, ces étapes se franchissent en l'espace de quelques semaines ou de quelques mois. Dans certains cas, pour ceux qui sont laissés à eux-même ou mal aidés, le chagrin peut devenir un état chronique et permanent.

L'état de choc, cette première étape du deuil, s'empare de la personne éprouvée durant les quelques jours qui suivent le décès. Les nerfs à fleur de peau, bousculé par les événements, l'individu est susceptible de réagir de toutes sortes de manières, selon son tempérament et sa façon habituelle d'extérioriser ses émotions. Certains pleurent abondamment, d'autres deviennent hyperactifs ou encore manifestent des réactions qu'on qualifierait en d'autres moments d'excessives. Enfin, il y a ceux qui demeurent plutôt calmes, voire même stoïques et que l'on admire bien souvent pour leur capacité de contrôle.

En effet, le contrôle de ses émotions est pour bien des gens un idéal à atteindre et ce, même face à un deuil. Ainsi, on a tendance à donner des médicaments aux personnes affligées, dans le but en quelque sorte d'anesthésier leur douleur. Il est évident qu'une légère médication peut alors être utile, entre autres pour faciliter le sommeil. Par ailleurs, il est sain que les personnes en deuil puissent extérioriser leurs sentiments, à l'intérieur bien sûr de certaines limites. Cela les aide à se libérer plus rapidement de leurs émotions qui, autrement, risquent de réapparaître plus tard, souvent sous forme psychosomatique: troubles du système digestif, éruptions cutanées, douleurs diverses, migraines, insomnies et cauchemars, état dépressif, crises d'angoisse, surconsommation d'alcool ou de médicaments, absence d'appétit ou au contraire boulimie, etc. La peine, tôt ou tard, cherche à sortir d'une manière ou de l'autre.

La seconde étape, qui suit l'état de choc, est celle de la convalescence, étape qui peut durer de quelques semaines à quelques mois. Elle se caractérise par un état de vulnérabilité qui s'accompagne également d'une tendance à se reprendre progressivement en main.

Plusieurs phénomènes peuvent apparaître durant cette période: sensations que le défunt est présent ou proche de soi, besoin fréquent de lui parler, rêves où il apparaît, refus de se départir de ses biens ou de changer quoi que ce soit dans leur disposition: dans certain cas, la maison devient un véritable «musée» à la mémoire du disparu. Par ces manifestations, la personne en deuil reflète son besoin de garder, au moins symboliquement, la personne décédée en vie.

Durant cette période de convalescence, la personne va devoir réorganiser sa vie, particulièrement dans le cas de décès du conjoint: se familiariser avec des tâches nouvelles, apprivoiser la solitude, se faire peut-être de nouveaux amis, prendre certaines décisions pour son avenir (par exemple, garder ou vendre la maison). Ceux qui étaient très dépendants de l'autre ou qui vivaient avec des rôles bien stéréotypés se retrouvent d'autant plus démunis.

Par ailleurs, et particulièrement durant la première année, certains événements viendront attiser le chagrin de la personne en deuil: le temps des Fêtes, les anniversaires, la période des vacances, etc. Il ne faut donc pas se surprendre, durant ces moments, d'une apparente régression émotionnelle qui ne devrait cependant être que temporaire.

Les proches ont un rôle très important à jouer durant ce temps de convalescence. Par exemple, ils peuvent rendre visite régulièrement à la personne en deuil et l'amener, entre autres, à parler de ce qu'elle ressent, sans tomber non plus dans un rappel constant et morbide des souvenirs passés. Ils peuvent, surtout après un certain temps, encourager la personne à sortir ou à se distraire davantage, et l'aider à se trouver des moyens pour vaincre l'ennui ou le manque de contacts sociaux. Enfin, ils peuvent l'aider à se familiariser avec des tâches qu'elle n'avait pas l'habitude de faire (se préparer des repas, aller à la banque, etc.).

Souvent très tôt, les proches sont tentés de bousculer ou de confronter la personne affligée, oubliant qu'un deuil ne s'intègre pas du jour au lendemain. Il est donc préférable de respecter le rythme de la personne tout en l'incitant progressivement à laisser de côté le passé pour vivre davantage le moment présent. Dans le cas des individus qu'on ne sent pas cheminer vers une acceptation graduelle de la réalité, on doit alors les inviter à consulter un psychologue.

Enfin, cette période de convalescence, qui demeure un stress émotionnel important, rend la personne plus vulnérable sur le plan physique. Ainsi, on observe une augmentation de divers symptômes et maladies chez les veufs et les veuves qui s'explique entre autres par l'affaiblissement du système immunitaire engendré par le stress et la fatigue accumulée.

Il faut également faire attention à l'état d'esprit de la personne en deuil. Par exemple, une attitude de résignation ou de démission peuvent avoir comme effet de déclencher des maladies parfois très graves, allant même jusqu'à la mort. Dans certains cas, des individus fortement ébranlés par le décès d'un proche vont jusqu'à développer la même maladie que ce dernier.

D'autres, sans être physiquement perturbés, s'enlisent dans leur chagrin. Un tempérament plus anxieux ou dépressif, ou encore une culpabilité persistante, font en sorte que ces personnes ont besoin d'une aide plus spécialisée pour s'en sortir. Certains psychologues sont ainsi compétents pour offrir une thérapie de deuil.

Cette thérapie peut être généralement de courte durée. L'objectif est, d'une part, d'aider la personne à exprimer toute la gamme des émotions que le décès lui a fait vivre — culpabilité, révolte, abandon, etc. — afin de s'en libérer. Un autre objectif est de vérifier ce qu'on appelle les «affaires inachevées», par exemple l'affection que la personne n'a pas pu ou n'a pas osé exprimer au défunt, ou les vieilles querelles restées non réglées, etc. Certaines techniques thérapeutiques permettent de vider et de régler ces sentiments, même si le contact réel avec la personne décédée n'est plus possible.

Par ailleurs, la plupart des personnes en deuil, après quelques semaines ou quelques mois, reprennent graduellement le dessus. Elles réorganisent leur vie, se font de nouveaux liens, réapprennent à avoir du plaisir sans se sentir coupables. Elles peuvent même évoquer la mémoire du défunt sans émotion. Ce sont là des signes que le deuil s'est bien intégré et on peut alors parler d'un véritable rétablissement.

Divers types de deuil

L'intensité du deuil est souvent influencée par les circonstances entourant le décès. Ainsi, une mort subite est en général très difficile à accepter pour la famille. Les personnes n'ont alors pas le temps de se préparer mentalement ni de boucler leur relation avec le défunt.

Quant à ceux qui meurent de maladie plus prévisible, telle que le cancer, les conditions entourant la phase terminale de la maladie peuvent influencer le déroulement du deuil. Ainsi, depuis quelques années, l'approche des soins palliatifs permet de réduire considérablement la douleur physique et morale des personnes atteintes de cancer incurable. Les proches se sentent alors beaucoup plus en sécurité. Ils sont eux-mêmes suivis par l'équipe soignante et encouragés à maintenir une communication ouverte et chaleureuse avec le malade qui est au courant de la gravité de sa maladie. Il n'y a donc pas de mensonge, ni d'hypocrisie, aucune «conspiration du silence». Avec une telle préparation, le choc du décès est en général moins grand.

Par ailleurs, le décès d'un enfant est une expérience qui peut être excessivement éprouvante pour les parents. Le cancer et la leucémie sont des maladies qui s'échelonnent fréquemment sur plusieurs années, entrecoupées de longues périodes de rémission et de rechutes aussi brutales qu'inattendues. Ces maladies font vivre de véritables «montagnes russes» émotionnelles aux parents qui deviennent épuisés, tant physiquement que moralement, et qui ont tendance aussi à s'attacher énormément à cet enfant qui exige tant de soins et d'attention. Lorsque la mort, une fois sur deux, vient mettre un terme à ce long et pénible combat, une multitude de sentiments envahit ces parents: sentiments d'échec et d'injustice, révolte, culpabilité, chagrin, etc.

Malheureusement, certains parents ont alors tendance à s'isoler, et coupent même les ponts avec leur entourage. Ils se sentent incompris dans ce qu'ils vivent, marginaux, et ont tendance à se replier sur eux-mêmes. Fréquemment, des tensions conjugales importantes apparaissent. Chacun est profondément affecté par ce qui arrive et les partenaires du couple peuvent alors difficilement s'appuyer l'un sur l'autre et s'entraider.

Enfin, les autres enfants subissent également les contrecoups. Par exemple, les parents peuvent vouloir les surprotéger ou, au contraire, s'en détacher quelque peu, plus ou moins consciemment, par crainte d'avoir à revivre la mort d'un autre enfant. D'autres parents idéalisent l'enfant décédé et ses frères et soeurs peuvent alors se sentir moins aimés ou incapables d'être à la hauteur de celui qui n'est plus.

Un type de deuil beaucoup plus fréquent est celui de son père ou de sa mère. L'intégration du deuil dépend alors souvent des rapports qu'on entretenait avec eux. Par exemple, certaines disputes ou des valeurs divergentes peuvent nous éloigner de nos parents alors qu'ils sont encore vivants. Dans le fond de nous, on les aime encore, l'attachement filial demeure, mais on ne leur dit presque plus rien, on prend ses distances. S'ils meurent avant qu'on ait pu vraiment leur exprimer nos sentiments et notre affection, il est possible qu'on ait plus de difficultés à s'en libérer par la suite.

Le rituel funéraire

Durant la période de choc et de désarroi qui suit immédiatement un décès, le rituel funéraire prend beaucoup de place. Aujourd'hui, malheureusement, ce rituel est souvent vécu comme étant plus traumatisant qu'autre chose. Au salon funéraire, par exemple, bien des gens ne se sentent pas le droit de se laisser aller à leurs émotions. Certains se sentent envahis par le trop grand nombre de visiteurs, des personnes qu'ils connaissent parfois à peine et qu'ils doivent saluer et remercier. En réaction contre cette situation, on observe depuis peu, de nouvelles tendances telles que l'incinération ou l'absence d'exposition.

Pourtant, certaines manifestations du rituel funéraire ont un sens. Ainsi, l'exposition du corps, particulièrement dans les cas de mort subite, se veut un temps pour aider parents et amis à prendre conscience émotivement du décès de la personne chère. En ce sens, voir la personne belle et bien morte, lui parler dans son for intérieur ou même la toucher, facilitent ce cheminement.

Par contre, le temps d'exposition pourrait être plus court. Dans certains hôpitaux, on invite même la famille, présente au moment de l'agonie, à se recueillir, le temps qu'il faut, dans la chambre de celui ou celle qui vient de mourir. Ce moment d'intimité, réservé aux proches seulement, permet à chacun de réagir comme il en a envie ou besoin.

L'exposition au salon funéraire a également pour fonction de permettre aux survivants de se rendre compte, par la visite de parents et amis, combien ils demeurent entourés et aimés. Par contre, la plupart des gens sont si mal à l'aise dans cette situation que l'atmosphère qui s'installe au salon funéraire est la plupart du temps inappropriée: les gens se contentent d'une marque stéréotypée de sympathie pour finalement rejoindre des connaissances et parler de tout et de rien.

Voilà pourquoi on ne devrait pas se sentir obligé de venir au salon funéraire. Ceux qui se sentent mal à l'aise ou malhabiles dans ce contexte souvent très émotif pourraient simplement envoyer un mot de sympathie et réserver leur visite pour plus tard, après les funérailles, alors que le vide se fait encore cruellement sentir et que la personne en deuil est moins entourée.

Un nombre plus restreint de visiteurs au salon permettrait davantage l'expression d'affection et la création d'un climat de solidarité. On pourrait alors plus se laisser aller, et ce temps de recueillement ne serait plus vécu comme un marathon éprouvant, mais plutôt comme un baume sur une plaie encore vive.

Idéalement, c'est avant un décès que toutes ces questions entourant les funérailles devraient se régler, de la même manière d'ailleurs que l'on prend bien soin de préparer un mariage ou un baptême. De plus, les proches devraient être consultés puisque finalement, ce sont eux qui auront à vivre avec les choix qui auront été faits.

Bien sûr, il ne sera jamais facile de perdre un être cher. Par ailleurs, notre peur collective et notre malaise devant des émotions telles que le chagrin ou l'angoisse ont rendu cette expérience du deuil encore plus pénible. Pourtant, bien des moyens existent pour nous aider à mieux vivre cette expérience inévitable. Par exemple, le fait de s'y être préparé quelque peu avant aide à la vivre plus aisément. Il ne s'agit évidemment pas de réfléchir constamment à des idées morbides, mais de s'arrêter parfois à imaginer comment on réagirait et ce qui pourrait nous aider à mieux traverser cette épreuve. Et songer à la mort, ou en discuter avec ses proches, n'ont jamais fait mourir personne.

Le deuil et le non verbal

C'est important dans une relation d'aide de connaître la personne dans toute sa dimension avec l'ambiance et l'entourage qui lui sont propres. Ce n'est pas tout d'écouter, il faut être réceptif à la personne dans sa totalité.

«Je la reçois et elle m'accepte, sans gagnant ni perdant. L'intégrité n'est pas mise en cause car il y a respect dans les choix mutuels.»

Il y a plusieurs façons d'être aidant. Je peux lui donner beaucoup de documentation, la conseiller dans le domaine financier et/ou être à l'écoute de ses émotions et de son vécu.

La musique

Un premier moyen de s'exprimer par le non-verbal est la musique. Depuis des millénaires, la musique est un moyen de communication privilégié. Elle raconte notre histoire, elle rejoint notre spiritualité. Tout y passe, nos rêves, nos déceptions, nos espoirs. La musique a été créée par l'homme pour rejoindre l'homme dans toute sa dimension jusqu'à l'âme. Que nous soyons triste, déçu, frustré, affligé, apeuré, joyeux, la musique douce nous fait vibrer et «vibrer, c'est vivre». La musique est une source de compassion face à la souffrance et une lueur d'espoir pour d'autres.

C'est difficile de motiver une personne qui souffre. Elle n'a habituellement envie de rien. Elle se sent seule, prisonnière d'elle-même, violée dans son intimité. On veut tout savoir d'elle pour l'aider. La difficulté de communiquer avec les gens qui l'entourent est grande.

J'entends souvent: «Je me sens mal, je n'ai pas le goût de me battre.»

La personne en deuil se voit confrontée avec la réalité. L'être disparu ne reviendra plus. La solitude est déjà très pesante. Il arrive plein de responsabilités d'un seul coup. On doit s'occuper des ajustements financiers (maison, éducation des enfants, retour sur le marché du travail). Et la sexualité aussi est ébranlée.

C'est important d'aider la personne à retrouver un certain intérêt, le goût de vivre avec les vivants. La musique peut créer une ambiance très positive pour la personne en deuil. Une mélodie rend la maison moins vide, plus vivante.

La relaxation par la musique est aussi un moyen de prendre soin de soi, de retrouver le sommeil perdu, donc de retrouver un peu de pouvoir sur nous-même. En entendant un air connu, on apprend à revivre avec le présent, à renouer avec le passé et à espérer en des jours meilleurs.

Une présence musicale est un moyen de communication.

Face à la relaxation par la musique

Pour l'aidant: Tu peux prêter des cassettes de relaxation, des disques de musique douce.

Pour l'aidée: Choisir le moment qui lui convient pour écouter la musique.

Prendre le temps de relaxer par la musique est une façon de prendre soin de soi.

Lorsque la personne a beaucoup de peine, tout change, sa personnalité, son humeur. Elle souffre dans sa totalité. Il est difficile d'avoir accès à toutes ces facettes; son corps, ses émotions et sa spiritualité. Souvent des sentiments de peur, de regret et d'abandon se greffent à tout cela. Il y a aussi l'angoisse qui se rattache à sa propre mort et ça, c'est encore plus difficile à verbaliser.

Ce n'est pas tout de percevoir la souffrance chez les autres, il faut être capable de la canaliser. Les mots peuvent parfois être inadéquats. Par le musique, tu peux exprimer à l'autre personne tes véritables sentiments sans crainte d'être jugé, analysé ou rejeté.

Le message non verbal est parfois très clair et peut même contredire les mots (ex.: on peut sentir que la personne a besoin d'aide même si elle dit le contraire).

À nous, aidant, de démontrer notre soutien inconditionnel.

«Oui, la musique est source de communication.»

Langage des gestes du corps

Suis-je conscient de mon corps, des gestes que je pose, de mon approche non verbale?

Mon corps parle pour moi.

Ça veut dire:

Ex.: un pied prêt à sortir:
- pas le temps de s'arrêter;
- mal à l'aise face à l'aidé;
- peur qu'il pose des questions embarrassantes.

Ça veut dire:

Ex.: mains dans les poches:
- pas le goût de tendre la main;
- pas le goût d'avoir des contacts.

Il y a aussi un territoire personnel à respecter chez chacun, un espace vital, plus ou moins grand selon les personnes.

Je peux être près de certaines personnes sans les brusquer, tandis que d'autres se sentiront agressées dans leur intimité si je les touche ou si je m'approche trop. Je dois être en mesure de juger cela et de m'adapter.

En cas de doute

On peut même demander à la personne si elle est à l'aise, si je la brusque, si je suis trop près d'elle, si je peux lui prendre la main, etc., même en employant les mots les plus simples dans le but de l'aider, la personne sentira si vous êtes bien dans votre peau, à l'aise avec elle ou au contraire mal dans cette relation d'aide, et elle agira en conséquence, elle se fermera, ne reviendra plus ou, au contraire, vous fera confiance et s'exprimera.

C'est important que mon langage verbal soit soutenu par mon langage non verbal, celui de mon corps.

Le contact avec les yeux est un élément puissant. Avec les yeux on peut aimer ou tuer, accepter ou rejeter.

Par votre regard, l'aidé sentira si on le juge ou non.

On ne peut enlever la peine causée à une personne par la perte d'un être cher, mais on peut partager son vécu avec elle, par un simple geste ou un simple regard.

Les yeux, souvent, peuvent trahir nos pensées.

Un contact direct, un regard franc expriment la sincérité.

Les yeux fuyants: le regard de côté ou en bas, cela indique l'absence d'implication.

Ex.: Je travaille dans un hôpital où un patient me confie qu'il n'en a plus pour longtemps à vivre. Une dame en deuil n'accepte pas que son mari soit parti pour toujours.

Si je suis touchée, si je ressens des émotions, si je compatis vraiment, mes yeux parleront, ils refléteront mes pensées. J'ai parlé par mon regard.

Je n'ai pas à trouver une réponse idéale. Ce qui va rester, c'est mon vécu partagé avec elle. «J'ai été moi-même, elle a exprimé sa souffrance. Durant une minute, la communication non verbale a été intense. J'étais à l'écoute de l'autre, présente.»

On peut aussi aider par le toucher, les stimulations tactiles.

Je reçois souvent de l'information pour me situer dans le réel.

On voit souvent dans les centres commerciaux: **défense de toucher,** mais spontanément, on va effleurer une fourrure, un chandail moelleux, etc.

L'être humain a besoin de toucher. Je vais démontrer ma présence en touchant la main d'un patient qui dort à l'hôpital. Mettre une couverture dans son lit, un coussin moelleux sur sa chaise. Dans mon bureau, où je pratique la relation d'aide, je dois avoir un fauteuil confortable, avec des bras et non des chaises de métal froid.

Je peux communiquer par ma façon d'être

Comme personne ressource, je dois être consciente que j'ai des acquis personnels, du vécu. Je m'en sers pour rejoindre l'autre «la personne aidée».

Quand je suis présente, j'exprime aussi ce que je vis. Je partage mes connaissances avec la personne aidée comme, par exemple, la musique, mes défis, mes soucis...

On peut s'approcher de la souffrance par une communication sincère entre deux personnes.

C'est important de s'arrêter pour identifier les besoins de la personne aidée, ce qui l'entoure, son environnement, son vécu quotidien.

On apprend parfois plus à regarder qu'à écouter. Par exemple, on demande à quelqu'un: «Comment allez-vous?» «Bien,» dit-elle. Vous remarquez tout de même que ses mains tremblent, ses pieds ne touchent pas le sol. Elle a les yeux tristes, larmoyants. Elle sursaute au moindre bruit.

On peut par la suite vérifier nos doutes en s'informant. Elle peut avoir maigri. (Mange-t-elle suffisamment? Son sommeil est-il agité? A-t-elle des cauchemars, des contrariétés?).

Vous percevez dans son non-verbal beaucoup de choses, des informations, des inquiétudes... On peut donc faire ressentir à la personne aidée notre soutien.

Communication par notre façon d'être

Toute la formation dans le domaine de la santé a été centrée sur l'action «ce que je dois faire». Mais souvent, il n'y a rien à faire, sauf être vrai et sincère envers soi-même.

Suis-je consciente de mes craintes et de mes incertitudes face à ma propre mort et à la souffrance qui m'entoure?

Je ne peux pas régler tous les problèmes de la personne à aider. Je peux tout de même être à son écoute et ainsi lui être utile.

Si je ne suis pas consciente de ce fait, j'aurai beau avoir reçu une bonne formation, je ne serai peut-être pas totalement efficace.

On doit, dans la mesure du possible, poser des gestes en accord avec sa personnalité.

Ex.: Si on ne se sent pas bien par le contact direct, il vaut mieux l'éviter que de le faire avec dédain, parce que la personne le ressentira et sera très mal à l'aise.

Si on ne se respecte pas, on ne respectera pas la personne dans sa dignité.

Ex.: L'infirmière qui se sent mal à l'aise de pratiquer une technique de nursing comme: un massage, un bain personnel, un lavement, etc.

- appliquera de la crème dans le dos à toute vitesse;
- donnera le bain maladroitement;
- soignera avec dédain;
- ne sera pas à l'écoute du patient.

Pourquoi poser un geste s'il n'est pas sincère ou s'il nous répugne? Il vaut donc mieux l'éviter car nous blesserons la personne concernée et cela fera cesser toute communication.

Face au deuil

Si la personne en deuil a perdu son partenaire, il lui manque inévitablement une présence.

La tendresse et l'affection qui étaient un acquis, sont remplacées dorénavant par un vide insupportable.

On aimerait se sentir réconforté, protégé, épaulé... On donnerait beaucoup pour ressentir un contact physique avec l'être disparu.

L'accolade, un geste si simple en soi, devient très significatif et apprécié dans cette période difficile.

Face à la maladie

Quand on est hospitalisé, son champ de vision peut être limité. Il faut éviter de mettre l'accent sur sa maladie. Souvent, le malade est conscient de cette réalité: éviter de mettre la chaise d'aisance en face de lui, sa canne et son fauteuil roulant trop à sa vue.

Pour une personne malade, l'environnement devient un soutien moral. Ex.: une plante, une photo, un napperon sur sa table de chevet, un verre plutôt qu'un contenant jetable. Ces détails qui, à première vue, paraissent minimes, deviennent pour le malade une chose très importante.

On peut l'aider à accepter ou du moins, à assumer cette réalité d'une façon moins brutale.

On peut, en tant qu'aidant, aiguiser ses perceptions face à la personne dans le besoin.

Il faut penser plus en fonction de ses besoins pour préserver sa dignité humaine.

Si j'apprends à me respecter et à vivre le moment présent, je pourrai davantage être à l'écoute de l'autre:

- Aiguiser notre perception pour pouvoir ressentir les besoins réels de la personne;

- Être conscient des gestes à pose;

- Que l'intervenant soit bien dans sa peau.

Alors, je ne serai pas juste une personne avec une profession qui a un rôle à jouer, mais une personne humaine qui répond à un autre individu dans sa totalité.

Par le non-verbal, je ferai des choses ordinaires qui seront perçues d'une façon extraordinaire.

Comment être aidant auprès d'une personne qui vit un deuil?

Lorsque tu apprends que quelqu'un est décédé, c'est comme un choc. La foudre qui tombe sur toi. Impossible de réaliser concrètement ce qui t'arrive. C'est comme faire face au soleil, cela nous aveugle et on choisit de ne pas regarder la réalité. Mieux vaut fermer les yeux et oublier un instant qu'on vit cette situation de deuil.

La première idée qui nous vient en tête c'est: «Pourquoi, mon Dieu, cette personne est-elle décédée?» «Pourquoi est-ce elle qu'on vient chercher plutôt qu'une autre?» Il y a tant de couples qui ne s'entendent pas, pourquoi est-ce ma femme alors qu'on s'aimait tant?»

La première chose qu'on a envie de faire, c'est de crier notre désespoir, notre peine au monde entier, d'exprimer notre injustice face à ce qui nous arrive. C'est un état d'âme qu'on vit, c'est un sentiment, une émotion intense non partagée. Alors, à travers ce cri, on transmet notre peine aux gens: «Regardez ce qui m'arrive, c'est injuste!» Puis, l'instant d'après, on ne veut plus rien entendre.

Les gens sont bien disposés, ils nous offrent leurs

condoléances: «Si tu as besoin, demande!» ou «Qu'est-ce qu'on peut faire pour toi?» Mais en fait, que peuvent-ils pour nous? La seule chose qu'on ne veut ni voir ni entendre, c'est cette évidente réalité qui se vit à côté de nous et en nous. «Non, je ne veux pas écouter ce que les gens vont dire de moi.»

Puis le temps passe. Alors, je prends conscience qu'effectivement, la personne est décédée; elle ne reviendra plus. Suis-je songeur face à moi-même ou à cette société qui ne me comprend pas? À travers ces gens, je ne me vois pas. Quand une personne meurt, on ne vit plus, on ne réagit plus. On est dans le passé, on ne veut rien savoir du futur ni du présent qui nous habite et qui nous fait si mal. On ne vit pas, on existe. Oui, vraiment, la vie est injuste.

Puis, durant les semaines, les mois qui se succèdent, je ne me reconnais plus, je suis devenue une personne aux multiples visages, une ombre à travers ce passé. Je ne veux rien savoir du présent ni du futur, car seul le passé m'envahit.

Comment faire pour surmonter tant d'émotions?

Comment réagir face à mon mal? Lorsque je prends conscience que la personne ne reviendra plus, je me demande pourquoi, moi, je devrais continuer à lutter, à vivre. À travers ces trois visages du présent, du passé et du futur, pour un moment, je prends conscience que je n'existe plus. Comme un fétu de paille, je me laisse aller au gré des vents. Contre la débâcle, je me sens impuissant. Au milieu des flots de la vie, je m'aperçois que c'est la société qui mène, ma famille, mes habitudes de vie. Ai-je un certain pouvoir sur ma conscience, sur ce que je vis et sur ce que je ressens à l'intérieur?

Lorsqu'une personne meurt, il y a, bien sûr, ces trois jours où l'on doit aller au salon; alors, on réalise que ça va être difficile de reprendre goût à la vie. Mais, dans notre société, est-ce qu'on prévoit une période de temps pour donner l'occasion à la personne en deuil de se reprendre en main, de vivre sa peine?

Et moi, à travers cela, qu'est-ce que je vis? Je m'aperçois que rien ne va plus, que j'ai mal et que je ne peux m'endormir le soir. J'ai peur de rêver, de revoir mon passé et de percevoir plus clairement le futur qui m'attend. Je m'empêche de fermer les yeux pour éviter de me faire mal davantage. Peut-être aurais-je dû faire des changements, mais il est trop tard; la personne ne reviendra plus et moi, je n'ai plus aucun pouvoir. Je dois dormir, réapprendre à manger et à vivre; non, il ne faut pas que je continue comme ça. Il faut me prendre en main, mais combien de temps ce désarroi, cette peine intérieure vont-ils durer?

Il n'y a pas de jours, de semaines ou de mois, et encore moins d'années, déterminés. Plus on a côtoyé la personne et plus on l'a aimée, plus c'est difficile d'assumer son deuil. Chaque deuil a sa raison d'être. Lorsque quelqu'un meurt, il laisse une trace et, à travers la personne décédée, j'apprends; il y a une partie d'elle qui n'est plus, mais moi, je peux continuer à travers elle. Combien de temps me faudra-t-il pour me ressaisir? Tout comme la perte de quelqu'un

243

qu'on aime, on ne peut oublier. Bien sûr, la société nous empêche d'oublier; il y a la journée du souvenir, les Fêtes et l'anniversaire de la personne disparue. À travers ça, les gens, eux, continuent à vivre. «Pourquoi ne comprennent-ils pas ma peine dans des événements bien spécifiques?» Ils la comprennent, mais à leur façon. Pourquoi ai-je besoin d'en parler, d'être si précis pour que les gens prennent vraiment conscience de mon mal?

Souvent, lorsqu'un enfant meurt, la société nous ignore. «Tu dois te reprendre en main!» «Tu peux avoir d'autres enfants.» «Pourquoi te faire mal inutilement?» «Ne pense plus, fais comme si de rien n'était; après tout, de par le monde, il y a des milliers d'enfants qui meurent et chacun à leur façon.»

Les parents se sont repris, pourquoi sommes-nous si en désaccord, si mal à l'intérieur de ce vécu? Il est faux de penser que le décès d'un enfant rapproche un couple. Si le couple fonctionne bien et qu'il vit des situations difficiles, il pourra probablement en parler et exprimer ce qu'il ressent. Si, par contre, la relation est différente, alors, à travers la mort d'un enfant, le couple ne se rapprochera pas plus pour autant. Pourquoi? Parce que chacun aime son enfant pour une raison bien spécifique. On met ses espoirs, on met à l'intérieur de cet enfant tout son vécu et lorsqu'il part, à ce moment, c'est une partie de soi qui meurt.

On veut bien aider son conjoint, mais on a mal nous aussi. C'est pourquoi, chacun à sa façon, on assume notre deuil. Certes c'est difficile, mais si l'on s'aperçoit que la charge est trop lourde, alors, c'est bon de rencontrer une tierce personne pour nous aider à mieux y voir clair. Oui, la perte d'un enfant est aussi difficile à accepter que celle d'un être aimé, d'un adulte ou d'un vieillard. Il n'y a pas d'âge qui compte, il n'y a qu'une situation vécu: un départ.

Je prends conscience que je regarde ma propre mort à l'intérieur de la mort d'un conjoint, je me rends compte que, moi aussi, ça va m'arriver. J'ai travaillé, j'ai assumé mon devoir en tant qu'individu, dans ma famille, la société. La société m'a indiqué des chemins bien distincts; j'ai pris cette route sans me poser de questions et quand la mort vient chercher un de mes proches, je prends conscience que moi non plus, je ne suis pas éternel. C'est à travers cette vitre brisée que je prends conscience de ma propre mort.

Comment réagir à tout ce vécu? Certes, les gens sont bien disposés: «Tu dois dormir, prendre des médicaments; si ça ne va pas, emploie d'autres moyens de t'en sortir.» Est-ce vraiment la solution? Comme cette lampe allumée, j'ai besoin d'un guide. Où le trouver? C'est à travers ce fanal que je découvre la lumière, que je trouve mon chemin et mon guide.

Trois couleurs, trois signes, je dois prendre conscience de mes forces, de mes faiblesses et de mes limites. Comment? En m'arrêtant pour descendre à l'intérieur de moi, en regardant autour de moi ce que je peux faire et en écoutant les conseils ou les gens qui veulent m'apporter leur appui.

Comme cette barque qui coule, certes, j'aurai des

jours plus difficiles que d'autres. Certains événements me bouleverseront, mais chaque jour est un nouveau défi et je dois toujours aller plus loin et prendre les moyens de m'en sortir. Autour de moi, il y a de l'affection, de la tendresse, des gens qui m'aiment, qui me respectent et qui ont confiance en moi.

Ce cancer à mille pattes, c'est moi-même qui essaie de multiples façons de mieux m'en sortir. Est-ce bien, est-ce mal, c'est différent pour chaque personne, mais chose certaine, si je n'essaie rien, alors là, c'est vrai que je coule et ce n'est pas toujours la meilleure façon de s'accomplir lors du décès de quelqu'un.

Parfois, il faut crier notre peine, notre désarroi, et dire aux gens qu'on espère d'eux une présence. Les personnes bien disposées ne veulent pas nous déranger: «Je vais attendre qu'elle m'appelle, je vais attendre qu'elle communique avec moi, si elle a besoin d'un service.» Mais lorsqu'on est pris émotivement par cette souffrance intérieure, on a besoin que les gens viennent au devant de nous. On doit aussi s'exprimer: «Comment ça va?» Spontanément, on est porté à répondre: «Ça va bien.» Pourtant, à l'intérieur, c'est horrible, alors on peut dire à la personne que c'est une journée plus difficile, que tout ne vient pas tout seul, qu'on a besoin d'être respecté dans nos attentes, d'avoir de l'aide et d'attendre que la personne puisse nous respecter.

Dans les événements douloureux, il y a le souvenir qui revient à la surface: c'était son anniversaire, son entrée à l'hôpital, son décès, mais on ne peut tout effacer d'un seul coup.

Souvent on se culpabilise: «Si je l'avais moins aimé, j'aurais moins mal», mais si c'était à refaire, que ferions-nous? La plupart du temps, on agit spontanément, on aime quelqu'un sans raison parce qu'on a envie de s'impliquer, de cheminer ensemble. On ne peut effacer une relation pour éviter de se faire mal.

Voici une phrase que j'ai entendue d'une personne qui avait toujours été avec son mari comme les deux doigts de la main. Elle disait: «Je me suis posée la question, à savoir, si c'était vraiment moi qui étais fautive en l'aimant aussi intensément, sachant éperdument qu'il était malade et qu'à 38 ans j'aurais peut-être le risque de le perdre un jour. Puis cette phrase qu'il m'a dite m'est revenue: «Sans toi je n'aurais rien compris de la vie; avec toi, j'ai appris à vivre; de toi, j'ai tout appris. Merci à toi d'avoir été là, merci mon amour.» Il me regardait droit dans les yeux et une larme coula le long de sa joue. Je ne sais si je vais me sortir de cette perte mais, si c'était à refaire, certes, je l'aimerais aussi intensément.»

À chaque départ, il y a une nouvelle éclosion, une nouvelle journée. Est-ce qu'on permet à sa fleur de s'ouvrir à nouveau, à cette tendresse qui nous vient des gens, à ces souvenirs heureux? Est-ce qu'on leur permet de s'épanouir à nouveau? Même si un deuil est difficile à vivre, on arrive tous à s'en sortir un jour ou l'autre. Il y aura des événements difficiles à traverser, mais comme le soleil trop brillant, tu t'habitueras à cette clarté, car tu n'es plus dans les ténèbres.

Ce qu'on ne doit jamais oublier, c'est qu'à l'intérieur de nous il y a cette force qui nous permet non pas d'exister, mais d'apprendre à vivre, jour après jour, d'une façon plus enrichissante.

Le temps passe mais les souvenirs restent. Je dois accumuler les bons souvenirs et continuer à vivre. De nouveaux bourgeons apparaissent, les événements heureux reviennent avec les gens, avec les journées, à travers notre vécu quotidien.

La vie reprend son cours de jour en jour. J'ai pris des moyens pour me ressaisir, j'ai fait des travaux manuels, que ce soit de la poterie, de la broderie, de la couture ou le travail du bois, réparer une auto ou m'occuper plus des enfants de mes nouveaux voisins. J'ai pris confiance en moi, j'ai réappris que la vie existait partout. Je dois regarder à l'intérieur et autour de moi pour mieux voir cette vie qui vibre de partout.

Pour les enfants, il y a le bricolage, la plasticine, la peinture, bref tous les moyens d'expression non-verbale qui font ressortir notre désarroi, mais aussi tout l'espoir nouveau à l'intérieur de nous.

J'invente des moyens pour me protéger: je me retire quand la société est trop envahissante. Je prends conscience de ma valeur et de tout ce nouveau cheminement que j'ai envie de partager avec d'autres. C'est alors que je défais mes maillons, que je brise le filet qui me retenait, et que j'ai envie d'ouvrir mes ailes peu à peu, jour après jour pour réapprendre à voler. Réapprendre que je dois vivre et que j'ai le goût de vivre.

Ainsi, le soleil apparaît, la nature remonte à la surface et moi je prends conscience de mes possibilités. Je me rends compte que l'eau qui me submergeait à l'intérieur peut être à l'extérieur sans être menaçante à nouveau. Certes, le deuil m'a démolie et j'ai vibré d'émotions avec tout mon être.

Je peux à nouveau retourner sur le marché du travail, découvrir mes possibilités, dans la comptabilité ou la vente, bref, toutes les capacités que j'avais à l'intérieur de moi auparavant et que je laissais dans l'oubli.

Comme ce papillon aux ailes ouvertes, j'ai envie à mon tour de m'ouvrir à la société et surtout à moi-même. Tout comme un papillon qui est endormi tout refermé sur lui, dans son cocon, prend conscience de ses forces et est en train de se préparer à vivre. Moi, quand j'ai vécu mon deuil, j'étais toute recroquevillée sur moi-même; je ne me souvenait plus de rien, je ne voulais plus rien voir et je me laissais sombrer dans la peine.

Pourquoi me reprendre en main alors que la personne est disparue? Le temps a passé. Maintenant, je me rends compte que le printemps est arrivé; je veux renaître de ce deuil et renaître aussi à moi-même. Je m'ouvre à la vie, je me transforme à nouveau. Je vais de l'avant et je vis. Je n'existe plus. Non pas parce que la société l'exige de moi, mais parce que maintenant j'ai envie de faire quelque chose pour moi-même. Je n'oublie surtout pas qu'à travers le présent, j'ai assumé le passé et que j'aspire vers un avenir meilleur et plus positif.

Tout comme le soleil levant, demain est un autre jour. Je me fais confiance, jour après jour, mois après mois, année après année et je réapprends à vivre. Oui, demain est un autre jour; c'est une nouvelle vie qui commence et en laquelle je n'osais plus croire après le départ subit ou préparé de la personne que j'ai aimée.

Épilogue

En septembre dernier, j'ai organisé un voyage en France avec des personnes atteintes de cancer dont cinq étaient en phase terminale. On a cohabité ensemble durant trois semaines.

Ce voyage, je le faisais pour elles, pour combler un de leurs désirs et c'est moi qui ai bénéficié de leur présence.

Je vous ai livré, dans les chapitres précédents, leur vécu, leur ténacité à vouloir vivre pleinement et donc, à mourir dignement. J'ai respecté leurs choix de mourir en accord avec elles-mêmes, dans leur liberté d'action et de parole.

Cette phrase que j'avais citée dans mon livre antérieur: «On meurt comme on a vécu, il faut vivre pleinement pour pouvoir s'abandonner le moment venu», vient confirmer encore une fois leurs propos.

À travers ces témoignages vibrants et authentiques, vous découvrirez ce que les malades pensent de leur entourage et comprendre le désarroi qu'éprouvent parfois les personnes aidantes. À travers ce vécu, vous trouverez une façon bien personnelle d'être bien avec vous et ceux qui vous entourent.

Quant à moi, je tiens à remercier, en particulier, certaines personnes chères à mon coeur, qui s'oublient continuellement pour être en harmonie avec d'autres. Elles ont de l'amour à profusion et le partagent avec leurs semblables. Elles ont déjà fait leurs marques dans la société et je tiens à leur rendre hommage.

À toi, Lise B. qui, à travers la maladie insistante, deux cancers, as trouvé la façon de partager ton vécu, en prenant la responsabilité d'un groupe d'entraide dans ta région. On ne donne que ce qu'on a — tu as une richesse insoupçonnée de générosité en toi. Bravo! Ton exemple vaut mille mots d'encouragement. Tu es vivante et vibrante. Je te trouve formidable, car tu es vraie. Je t'aime beaucoup, ma compagne amoureuse de la mer...

À toi, chère Renée D., dynamique et épanouie, qui ne recule devant rien, pour qui aucun obstacle n'est insurmontable pour aider ceux qui sont dans le besoin. Quand je suis à tes côtés, je me sens utile. Merci de la part de tous ceux qui te côtoient.

Suzanne, toi la femme forte aux multiples visages. Avec ton émotivité, ta tendresse, tu sais si bien consoler autrui. Tu as le goût de vivre et tu nous permets d'espérer un monde meilleur. La maladie n'a pas d'emprise sur toi. Reste toi-même, un guide averti. Tu es une mère mais avant tout une femme épanouie, une fleur éclose dans toute sa splendeur. Profite du temps qu'il te reste pour jouir de la vie...

Jean, cher jeune homme au coeur grand comme la

terre. Toujours prêt à rendre service. La vie a toujours été un défi pour toi, mais à travers la maladie, tu es gagnant. En ta compagnie, on a le goût de vivre, de s'amuser, d'être heureux. C'est comme si Noël existait chaque jour. Tu es un chevalier sur son cheval blanc, dans toute sa splendeur. Fier...

Toi, Thérèse A., j'ai appris à te découvrir lentement avec insistance: comme une fleur qui cherche son chemin sous la terre pour pouvoir éclore. Dans ton monde intérieur, où peu de gens pénètrent, tu te dévoues. Toute ta vie a été faite de contradictions et d'absolutions. Mais toi, tu allais droit devant toi, sans te détourner de ton chemin. La vie se résume à un don total de toi, t'oubliant pour les autres. Tu as semé toute ta vie avec l'espoir de voir la réussite avant ta mort. C'est à ton tour de recevoir l'amour que tu as si généreusement propagé. On ne voit bien qu'avec le cœur. Je t'aime beaucoup...

Bianka, mon rayon de soleil, ma plus grande réussite dans la vie. Toi qui te débats, depuis que tu as été conçue, pour vivre et prendre ta place, pour te faire aimer. Ce livre est un témoignage pour toi, pour que tu saches qu'à travers les difficultés, l'espoir est le plus fort. La vie est complexe et merveilleuse à la fois. Regarde autour de toi, tous ces exemples. Suis le chemin qui t'est destiné. Vis pleinement et laisse-toi aimer comme tu le mérites, fille d'amour, adolescente de rêve, femme d'avenir...

Bibliographie

Docteur Harry Pretty, Vie nouvelle, 1984, *Réaction — transformation.*

Ligue nationale contre le cancer.

Hortense Flamand, psychologue, Hôtel Dieu de Montréal, *Intervention auprès du malade.*

Denise Blouin, infirmière, *Approche aux malades,* 1985.

Pierre Dumas, professeur E.N.A.P., *Comment exercer une relation d'aide sans se brûler.*

Mary Hale, 1980, *Support services for the living and the dying.*

R. Riedel, B. Mishara, *L'expérience de la mort,* 1980, Université du Québec

D. Schwab, médecin, *Soins T 26, no.8,* 1981, Infirmière Canadienne, juin 1980.

Isabelle Lapierre, Apprivoiser la mort, T. Rainville, *Croissance et mort,* Infirmière Canadienne, Novembre 1975.

L'association canadienne pour la Santé Mentale, *Faire face au deuil.*

Bernard Uhl, psychologue, *Vivre un deuil,* Université de Sherbrooke.

Lithographié au Canada
sur les presses de
Métropole Litho Inc.